中小企业创新驱动案例述评

马修水　著

電子工業出版社
Publishing House of Electronics Industry
北京 · BEIJING

内 容 简 介

本书以慈溪电视台《关注》栏目报道的有关企业创新驱动成功经验为案例进行述评。全书共上、中、下三篇，分别为技术创新、管理创新、人才培养，主要介绍创新驱动在中小企业新产品、新技术、新材料、新工艺应用中取得的成果，在技术管理、质量管理、设备管理、企业文化、产学研合作、商业模式及应用模式创新方面取得的成果，在团队建设、人才培养、校企合作方面取得的成果。

本书可作为高等学校创新创业课程的教材或参考书，也可供政府和企业有关管理人员、工程技术人员及有创业意愿的创业者参考。

图书在版编目(CIP)数据

中小企业创新驱动案例述评 / 马修水著. —北京：电子工业出版社，2020.6
ISBN 978-7-121-39046-3

Ⅰ. ①中… Ⅱ. ①马… Ⅲ. ①中小企业－企业创新－案例－中国－高等学校－教材
Ⅳ. ①F279.243

中国版本图书馆 CIP 数据核字(2020)第 093267 号

责任编辑：凌　毅
印　　刷：北京盛通商印快线网络科技有限公司
装　　订：北京盛通商印快线网络科技有限公司
出版发行：电子工业出版社
　　　　　北京市海淀区万寿路 173 信箱　邮编 100036
开　　本：720×1000　1/16　印张：11.75　字数：158 千字
版　　次：2020 年 6 月第 1 版
印　　次：2023 年 1 月第 4 次印刷
定　　价：39.90 元

凡所购买电子工业出版社图书有缺损问题，请向购买书店调换。若书店售缺，请与本社发行部联系。联系及邮购电话：(010)88254888，88258888。

质量投诉请发邮件至 zlts@phei.com.cn，盗版侵权举报请发邮件至 dbqq@phei.com.cn。

本书咨询联系方式：(010)88254528，lingyi@phei.com.cn。

前　言

创新是指以现有的思维模式提出有别于常规或常人思路的见解为导向，利用现有的知识和物质，在特定的环境中，本着理想化需要或为满足社会需求，而改进或创造新的事物、方法、元素、路径、环境，并能获得一定有益效果的行为。

创新伴随着人类的发展史，无论是农耕社会还是工业社会，人们对美好事物的追求，不但从来没有改变，而且呈加速发展的趋势。2013年汉诺威工业博览会上，德国联邦教研部与联邦经济技术部提出了“工业4.0”的概念，它描绘了工业的未来愿景，提出继蒸汽机的应用、规模化生产和电子信息技术等三次工业革命后，人类将迎来以信息物理融合系统(CPS)为基础，以生产高度数字化、网络化、机器自组织为标志的第四次工业革命。这是工业体系竞争力的内生变革，必将对身处其中的工业组织的生存与发展生态提出严峻的挑战。

在工业4.0阶段，创新的内涵更加丰富，创新与质量密切相关，没有质量的创新是毫无意义的。与工业4.0相对应的质量4.0阶段，创新以提升战略质量绩效为目的，从模式、产品及方法三个层次提升客户感知价值的思维与实践。这里的模式包括商业模式、应用模式等；产品的内涵延伸到狭义产品与服务的集成；方法既有新技术的应用，也包容了新管理方法的实践等。

创新是国家和社会发展的源泉与动力，创新是企业的希望所在。只有拥有创新精神的国家，才能立于世界强国之林。李克强总理提出

“大众创业、万众创新”，以简政放权的改革为市场主体释放更大空间，让国人在创造物质财富的同时实现精神追求。为了推动大众创业、万众创新，国务院颁布了《关于大力推进大众创业万众创新若干政策措施的意见》，各级地方政府为了贯彻落实意见精神，出台了相应的鼓励创业创新政策，共同推进大众创业、万众创新事业的蓬勃发展。

2012 年 8 月，教育部办公厅下达关于印发《普通本科学校创业教育教学基本要求(试行)》的通知。通知指出，在普通高等学校开展创业教育，是服务国家加快转变经济发展方式、建设创新型国家和人力资源强国的战略举措，是深化高等教育教学改革、提高人才培养质量、促进大学生全面发展的重要途径，是落实以创业带动就业、促进高校毕业生充分就业的重要措施。大学生创新创业教育理念要转化为教育实践，需要依托有效的课程载体。“创新创业基础”课程纳入本科生必修课程，使创新创业教育再一次成为教育研究的关注点。

实践是创新的基础，离开实践，创新便成了无本之木、无源之水。经验告诉我们，创新应该从实际出发。近年来，宁波市的中小企业在创业创新方面进行了大胆探索，通过创新驱动，取得了骄人的业绩。慈溪电视台《关注》栏目及时报道有关企业创新创业方面取得的成绩，聘请作者担任该栏目的特约评论员。作者结合自己的科研和社会服务实践，以《关注》栏目报道的有关企业创新驱动成功经验为案例进行述评，总结可以推广的经验，以期为有关企业在新产品开发，新技术、新材料、新工艺的推广应用，管理模式的变革，以及企业文化的创建等方面提供借鉴，也为有志于创业的创业者从现有的中小企业成功案例中得到启发，同时为政府有关部门的工作决策提供参考。特别是对于弥补现阶段高校学生创新创业教育案例针对性不强、缺少企业实际现场体验或考察等不足，具有重要的理论和实际意义，也是开设创新创业课程的大胆探索。

在总结5年多来工作实践的基础上，作者将评论稿总结、归纳并结集成书——《中小企业创新驱动案例述评》。本书重点总结中小企业创新创业方面的经验，以期为有关管理人员、工程技术人员及有创业意愿的创业者提供参考，也可以作为大学生创新创业课程的教材或参考书，为高校的教学改革、增进产教融合、培养高水平应用型人才提供案例素材。

本书涉及的慈溪电视台《关注》栏目的视频资料可以在腾讯视频网站下载（https://v.qq.com/x/search/?q=%E6%85%88%E8%A7%86%E5%85%B3%E6%B3%A8&stag=0&smartbox_ab=），也可以联系作者索取（mxsh63@aliyun.com）。

在本书编写过程中，得到了慈溪电视台《关注》栏目全体成员的支持，特别是得到了《关注》栏目负责人曾斌高级编辑、汪兵主播、文字编辑许俊琳老师、后期制作黄凯老师的支持和帮助；宁波财经学院马勰老师参与了部分评论稿的撰写；宁波大学科技学院陈扬副教授对本书的推出给予了支持和帮助；同时还得到了有关企业、同行的支持和帮助，在此一并表示衷心的感谢。

本书初稿作为内部讲义，在浙江大学宁波理工学院创新创业课程教学中试用，选修的学生来自电气工程及其自动化、电子信息工程、工业设计、国际经济与贸易、机械工程、计算机科学与技术、建筑学、能源与环境系统工程、日语、软件工程、生物工程、数据科学与大数据技术、数字媒体艺术、土木工程、网络与新媒体、英语、自动化等近20个专业。在教学过程中，作者对书稿内容不断进行完善。

本书得到了宁波市优势专业自动化专业建设经费及浙江大学宁波理工学院一流本科课程建设经费等的资助，也是浙江省“十三五”特色专业自动化专业及浙江大学宁波理工学院双创课程和一流课程建设项目的建设成果。

由于作者才疏识浅，本书中存在的错误在所难免，不妥之处，恳请广大读者批评指正。

马修水

2020 年 5 月于宁波

目　录

上篇　技术创新

中篇　管 理 创 新

下篇　人才培养

上篇

技术创新

“机器换人”是宁波家电产业提升的必由之路

【背景材料】宁波先锋电器制造有限公司（简称先锋电器公司）承担的宁波市工业重大科技专项“电热油汀自动化生产工艺集成设计与开发项目”通过验收，项目总投资近4000万元，是宁波市传统产业领域首个“机器换人”自动化改造项目。

最近，先锋电器公司电热油汀生产装备智能化改造现场会召开，该公司的“机器换人”自动化改造是在宁波市工业重大科技专项“电热油汀自动化生产工艺集成设计与开发项目”支持和引导下完成的。笔者有幸参加了该项目的验收评审。从2014年项目验收到2015年现场会，该项目技术进一步完善，减员增效更加凸现，对于宁波家电传统优势特色产业技术进步和提高市场竞争力有明显的示范引领效应。

通过此项目的推广示范应用，可以给我们以下几点启示。

第一，随着我国人口红利的逐渐消失，传统的家电行业依靠廉价劳动力在市场竞争中取得优势的情况已经难以为继，“机器换人”是宁波家电行业提高生产效率，提高产品质量，增加经济效益，提高市场竞争力的必由之路。

第二，企业是创新的主体，政府的引导和投入非常重要。先锋电器公司的“机器换人”项目投资近4000万元，政府的专项资助所占比例仅为5%。但是，政府的资助好比是种子，可以进一步推动企业创新的热情，引领企业技术的发展方向。

第三，“机器换人”等重大技术改造，产学研合作尤为重要。该“机器换人”项目是先锋电器公司与宁波中科集成有限公司联合攻关完成的，企业和科研院所优势互补，对项目的顺利实施发挥了重要作用。

第四，政府还要在技术推广方面发挥更大的作用。据记者介绍，宁波市以先锋、宇辉、卓力、赛亿、威妮、心连心等为主导品牌的电热油汀取暖器年产量占据了国内近70%的市场份额。如何将先锋电器公司取得的成果在其他企业推广应用，仅靠现场会是不够的。因为核心自主知识产权企业不会无偿提供给竞争对手，这里除了发挥市场的作用，政府还要在技术推广方面发挥协调作用，如共性关键技术，政府要投入资金支持研发部分成果，要协调成果共享，避免重复投入。对于项目中非政府投入取得的关键技术成果，政府是否考虑购买或采取其他创新的方法组织协调，使其与同类企业共享，以此推动整个产业的技术进步，带动产业的全面提升。

（评论时间：2015.9.10）

科技创新改变传统的休闲方式，推动产业升级

【背景材料】宁波德维电子科技有限公司（简称德维公司）瞄准市场空档，强化科技创新、壮实力，研发的野外垂钓辅助工具遥控打窝船占领欧洲50%以上的市场份额，成为国内同行业的领跑者，让名不见经传的小企业实现了跨越式发展。

遥控打窝船是在传统钓鱼方式的基础上，将通信技术、控制技术和互联网技术融入钓鱼活动中。这种全新的钓鱼方式可将鱼饵和鱼钩带到湖泊的深处实施钓鱼或打窝，它集休闲和娱乐于一体，受到广大钓鱼爱好者的喜爱。德维公司依托中国科学技术大学等科研单位，自主研发了高科技遥控打窝船，填补了国内空白。目前，该公司生产的产品已经占领欧洲50%以上的市场份额，成为国内同行业的领跑者。

德维公司成功的经验可以归纳为以下几个方面。

第一,科技创新改变传统的休闲方式。一般钓鱼抛竿最多抛80米,但是,使用德维公司遥控打窝船可以达到500米,并可以通过按键远距离操控实现返航和定点巡航功能。此外,还可以下载一款APP到手机上,通过手机进行遥控。这种新型的野外垂钓辅助工具,由于科技创新改变了传统的垂钓休闲方式,给垂钓爱好者带来了更多的体验,越来越受到国内外众多垂钓爱好者的青睐。

第二,集成创新是中小企业创新发展的重要内容。遥控打窝船集成的通信技术、控制技术和互联网技术单纯从各自领域来说,技术并不复杂,是成熟的技术。但是将它们在遥控打窝船上集成创新,实现了产品的升级换代,推动了产业的发展。

第三,遥控打窝船是“互联网与垂钓休闲”的有机结合,是“互联网+”的典型应用,符合国家的产业政策,具有广阔的市场前景。

第四,以市场为导向,“借船出海,自主航行”,抓住了企业发展的契机。德维公司准确抓住了市场需求的契机,在企业技术条件不具备的情况下,依托中国科学技术大学等科研单位,借助高校和科研院所的技术力量,自主研发了高科技遥控打窝船,抢占了市场的先机。

第五,生产一代、研发一代,是企业可持续发展的基础。德维公司在遥控打窝船的基础上,拟在水文测试、养殖等领域开发新产品,很有战略眼光,对企业发展具有重要意义。

(评论时间:2015.9.15)

借助"互联网+",推动企业转型升级

【背景材料】浙江万尊电子商务有限公司(简称万尊公司)是慈溪市本地最早开发手机移动应用于生活的企业,成功研发了慈溪本地首款手机应用软件"e慈溪"。该公司经历了多次阵痛,多次转型,屡败屡战,终于从当初的制造业艰难地转型到电子商务,其"慈溪宝典"已成为慈溪市家喻户晓的电商品牌。

万尊公司借助"互联网+",从制造业成功转型为电商企业,实现企业的转型升级。从记者对该公司的报道可以得到以下几点启示。

第一,"互联网+"是实现产业升级换代、推动经济发展的新引擎。万尊公司从制造业,经过多次转型,最后成功研发出慈溪本地首款手机应用软件,从本地外卖平台向本地生活服务平台转型,仅慈溪用户数量就近10万,每天销售额近6万元,并成功向外地推广应用,展现了"互联网+"推动经济发展的魅力。

第二,产业转型升级需要有百折不挠的勇气、必胜的信念和勇于战胜困难的乐观精神。"沉舟侧畔千帆过,病树前头万木春",万尊公司成功转型,在于他们没有被一时的困难和挫折所吓倒,并经历了多次阵痛,多次转型,屡败屡战,最终获得成功。

第三,科技发展,人才是关键。万尊公司由当初的十几人发展成如今六七十人的团队,通过人才集聚研发的一批核心技术,成为企业创新驱动的原动力。

第四,核心团队、核心技术、核心创业模式是创业成功的"三驾马车",它们之间相辅相成。核心团队的关键是志同道合,有共同的信念和信心,才能攻坚克难,研发具有自主知识产权的核心技术。核心创业模式就是把握商机，最大限度地提高人、财、物、信息等资源的利用率。“三驾马车”的协调发展，共同推动企业实现跨越式发展。

（评论时间：2015.10.29）

科技创新是抢占市场先机和制高点的法宝

【背景材料】宁波艾普莱斯电器科技有限公司（简称艾普莱斯公司）把准市场脉搏，在市场整体大环境不利的情况下，主动放弃国外著名大公司 3 万件低端产品的订单，专注研发中高端产品，取得市场的主动权，逆势上扬。

艾普莱斯公司是一家集设计、研发、生产、销售为一体，专业从事高端家用除湿机、空气净化器生产的新型科技型企业。2015 年以来，该公司把准市场脉搏，在整体经济大环境不利的情况下，逆势上扬，主要得益于生产的高端家用除湿机销量大幅增长。概括起来，有以下几点值得我们学习。

第一，通过科技创新抢占市场的先机和制高点。艾普莱斯公司刚刚研发出来的集除湿和空气净化于一体的多功能一体机，还没有推向市场就已经接到欧洲和中国香港三个集装箱的订单，受到了国内外高端客户的青睐。敏锐的市场洞察力和科技创新能力的完美结合，抢占了市场的先机和制高点。

第二，认准目标，有所为，有所不为。据记者报道，不久前艾普莱斯公司放弃了国外一家著名公司 3 万件低端产品的订单，而专注中高端产品的生产，是有战略眼光的。正在研发的智能化、无线智能除湿机作为技术储备明年推出，实现了生产一代、研发一代，确保企业的可持续发展。

第三，借船出海，自主航行。艾普莱斯公司是日本松下公司在国内除湿机行业唯一的核心技术战略合作伙伴，除湿机的控制器基板选择由与国内著名品牌“方太”厨电合作的同一厂家生产，站在巨人的肩膀上集成创新，既降低了研发成本，又确保了产品技术的领先地位。

第四，完善的质量管理体系、认证体系和专利体系。艾普莱斯公司拥有完善的企业质量管理体系、科学的技术研发体系和良好的服务团队，其产品已通过国家强制性“CCC”认证、德国 GS 认证、欧洲 CE 认证，完全符合 ROHS 环保标准，且拥有多项专利。正是由于这些扎实的基础工作，确保了产品质量，从而使产品能够畅销欧美。

（评论时间：2015. 11. 19）

新技术、新材料、新工艺推动龙山厨具行业逆势飞扬

【背景材料】厨具是龙山镇的优势和特色产业，属于典型的块状经济。该镇厨具生产企业不断坚持技术创新，除浙江三禾厨具有限公司

外，宁波金象厨具有限公司、宁波喜尔美厨房用品有限公司等企业普遍发展势头良好，进一步带动了龙山厨具行业的技术进步，实现行业平稳发展。

厨具产业是龙山镇的支柱产业之一。2015 年前三季度，在国内外经济环境总体不景气的大背景下，该镇 7 家较大的厨具生产企业却实现了产值 11.74 亿元，同比增长 15.1%，呈现逆市飞扬的势头。深度分析出现这些喜人景象的原因，主要是企业普遍采用“新技术、新材料、新工艺”，通过技术创新，实现效益的稳步增长。

浙江三禾厨具有限公司是龙山镇一家专业生产各类不粘锅的企业，为了能够有效地解决欧洲 LFGB 关于不粘锅底凹的测试要求（LFGB 是德国食品卫生管理方面最重要的基本法律文件，与欧洲标准相匹配），公司研发了导磁底和硬氧生产线。相比于老款锅具，由于采用新技术和新工艺，不仅解决了在骤冷骤热多次循环情况下不粘锅底凹变化值的精度控制指标，提高了铝制锅具的硬度，而且还提高了生产效率。

宁波金象厨具有限公司也是龙山镇一家专业生产不粘锅系列中高档厨房用品的企业。公司通过引进国内外先进技术和生产工艺，选用欧美、日本等优质不粘涂料，通过采用新技术、新工艺和新材料，提升了产品品质，产品远销欧美、日本、中东等国家和地区。

宁波喜尔美厨房用品有限公司是龙山镇专业生产不粘锅产品的骨干企业，其不锈钢复底不粘锅在同行中处于领先地位。公司投入 15 条自动喷涂线，12 条装配线及各类检测设备，确保不粘锅年产达到 2500 万只。

综上所述，与时俱进，不断地采用新技术、新材料、新工艺是企业发展的必然选择，否则，将在激烈的市场竞争中落伍，甚至被淘汰。

（评论时间：2015.11.20）

与时俱进，不断创新是传统家电企业转型升级的必由之路

【背景材料】面对传统家电企业的转型升级压力，宁波三A集团电器有限公司多年来专注研发自己的核心技术，依靠技术创新，不断提升企业的市场竞争力，在欧美市场疲软情况下，公司生产的咖啡机销售可望实现30%～40%的增长。

宁波三A集团电器有限公司是一家专业生产意大利式咖啡机的企业，年生产能力100余万台，产品以出口为主，远销欧洲、南北美洲等几十个国家和地区。公司能够取得非凡的业绩，主要在于其与时俱进，不断创新，始终保持企业的技术活力和优势。

第一，公司的技术创新是一个渐进过程，公司自成立之初，就非常重视新产品、新技术的研发及国际间的技术交流，与世界各地知名的咖啡企业有非常紧密的OEM合作。可以说是站在巨人的肩膀上发展，起点高。

第二，2015 年公司推出通过定时器来控制大小杯量的咖啡机，与传统基于 PCB 板控制电路来实现大小杯量控制相比，结构简单，成本降低。由于此项核心技术突破了国际技术壁垒，从而实现了公司销售的逆市上扬。

第三，把握技术及市场的发展趋势，不断研发新产品，实现技术储备。目前该公司研发的一款带 Wi-Fi 功能的咖啡机即将上市，可以让用户边喝咖啡边上网，满足时尚消费者的需求，肯定也会给企业带来新的更大的发展。

几年来，该公司先后获得了 100 多项专利，依靠自主研发的新技术、新产品走出了一条家电企业成功转型之路，毫无疑问，对传统家电企业的转型升级提供了有益的启示。

（评论时间：2015.12.2）

采用“新产品、新工艺、新材料”是占领国外厨具市场的有效手段

【背景材料】宁波金象厨具有限公司（简称金象厨具公司）是一家专业生产不粘锅系列中高档厨房用品的企业，由于引进了国内外先进技术和生产工艺，采用美国、日本等优质不粘涂料，研发出系列新产品，抢占了国外厨具市场。

金象厨具公司通过制定产品品质决定市场份额的战略决策，从国内及欧美主要市场引进先进技术，使得产品品质更加稳定。在出口市场竞争日趋激烈、外贸出口形势整体不景气的形势下，2015 年前 11 个月出口美国的不粘锅数量同期增长了 40%。这主要得益于公司采用

"新产品、新工艺、新材料",依靠科技进步,占领国外厨具市场。

金象厨具公司拥有一支经验丰富的技术生产队伍,在新产品的开发设计上,始终以客户需求为导向、以过硬的专业技术为基础,从外观、配件、基材等不同角度,不断开发设计、生产出安全可靠、美观耐用的不粘锅精品。

为了适应出口市场日趋激烈的竞争,金象厨具公司从国内及欧美主要市场引进先进技术,尤其是从意大利引进了一条陶瓷工艺生产线,通过对引进技术的消化吸收、再创新,使产品耐高温性好,硬度高,耐刮擦,易洁性更佳。

社会在发展,科技在进步,需要企业与时俱进,只有不断地进行技术创新,才能满足日益增长的客户需求的需要。

(评论时间:2015.12.11)

与时俱进,创新推动美容美发业逆势增长

【背景材料】浙江月立电器有限公司(简称月立电器公司)是一家专业从事美容美发电器设计、研发、制造的企业,始终坚守主业、专注实业、做专做强,通过产品的持续创新,把简单的产品做到完美极致,创出了在宏观经济新常态下"逆势高增长"的新业绩,销售连续6年增幅均在20%以上。

月立电器公司取得的骄人业绩,其成功的经验可以归结为以下几点。

第一,瞄准国际市场前沿,持续不断地创新。月立电器公司每年有60～70项的专利申请,通过研发智能感应电吹风、智能电压识别电吹

风、自动卷发器等国际先进水平的产品，受到了康奈尔、雷明登、飞利浦、SEB(赛博)、博世、TESCOM(泰思康)等高端品牌客户的欢迎，赢得了大量的外贸订单，其中高端品牌占比近七成，附加值翻番增长。

第二，坚守主业、专注实业、把简单的产品做到完美极致。传统的电吹风、卷发棒、电推剪等美容美发电器技术已成熟，按照过去拼价格策略来占领市场已经不能适应日益增长的客户需求，如节能、环保、使用舒适度等，必须进行从重数量到重技术的转变，如公司研发的智能感应电吹风就满足了节能和环保的需要。

第三，借船出海，最终实现自主航行。经过几年的努力，月立电器公司完成了从做配件到做 OEM 贴牌，再到拥有自主知识产权的 ODM 代工生产的升级过程，近期将开启国内市场为主的自主品牌突围战，实现企业的自主品牌梦。这无疑是一次质的飞跃。

第四，持续创新需要人才和研发投入来保障。人才是科技创新的基础，自 2008 年，公司大量引进技术人员，每年投入近 3000 万元研发资金，并建成浙江省企业工程技术研发中心，实现每年 60～70 项的专利申请，有了自主知识产权，提高了企业市场竞争的话语权。为了获得更大的市场话语权，建议公司加大制定标准的力度，不但要有企业标准，还要努力在国家标准甚至国际标准制定方面占有一席之地。

（评论时间：2016.1.5）

“互联网+”助慈溪家电收复失地

【背景材料】“淘宝中国质造 G20”为优质制造企业转型提供了自主品牌孵化平台，为传统企业打通了消费需求直达生产制造快速反应的 C2M(Customer to Manufactory，客户对工厂)模式，帮助企业做好“互联网+”，促进产业转型升级。截至 2015 年 11 月底，已经有 59 家企业入驻中国质造慈溪产业带，待一审和验厂企业 40 家，有入驻意向的企业达到 100 家，销售额 4000 万元，商品品种达 800 种，改变了消费者对慈溪小家电存在的低端粗糙的印象，慈溪好家电有“收复失地”之势。

据记者报道，截至 2015 年 11 月底，已经有 59 家企业入驻中国质造慈溪产业带，慈溪家电馆“双 12”交易额突破 800 万元，而整个慈溪家电产业带的销售额已突破 2300 万元。中国质造慈溪产业带作为“淘宝中国质造 G20”项目重点打造的产业带，是浙江省开展得最早、运营得最好的产业带。

首先，“淘宝中国质造 G20”这个平台，为企业提供了新的网上销售渠道。如浙江富迩佳电子科技有限公司主要生产壁炉式取暖器等电加热产品，原本是单纯的外贸出口，网上销售属零起点，进驻“淘宝中国质造 G20”这个平台后，仅在“双 12”当天就实现了销售收入超百万元，为企业由单纯的外销转向内外销并重走出了一条新路。

其次，“淘宝中国质造 G20”这个平台，通过 C2M 模式，缩短了产品推广的周期。如宁波星路通商贸有限公司生产的“梦炜”牌即热型水龙头，2015 年 9 月底刚刚上市，10 月份开始售卖，短短三个月销售额就突破了 800 万元，其中通过“淘宝中国质造 G20”这个平台的销售额就达

350 万元。没有互联网,在短短的几个月内打开市场是难以想象的。

第三,网络销售政府监管是必不可少的。进入"淘宝中国质造 G20"这个平台,政府按照"浙江好产品"企业作为遴选的基本条件,选择具备自主商标、专利等知识产权且有电商运营团队的品牌企业。同时,由阿里巴巴加强产品质量监控,企业入驻前需提供产品测试或认证报告,对企业进行验厂,入驻后加强与企业联系和产品质量监督。通过一系列措施,对防止网络销售中以次充好现象的发生起到一定的作用,但是,还需要加强过程质量监控,确保消费者利益。

第四,完善产业链,最大限度地发挥网络销售的优势。"淘宝中国质造 G20"这个平台需要与物流、研发、设计企业相衔接,形成一个完整的产业链,通过资源的优化配置,最大限度地发挥平台的作用。

(评论时间:2016. 1. 11)

实现制造强国必先弥补基础能力薄弱短板

【背景材料】RV 减速器是工业机器人的核心零部件之一,其技术主要集中掌握在日本、德国等工业发达国家的手中。慈溪市宁波中大力德智能传动股份有限公司(简称中大力德公司)精准切入,将目光对准配套工业机器人整装工厂,以及其他数控机床、精密传动等行业使用的核心部件 RV 减速器,打造企业"智能引擎"新增长极。通过 5 年的技术研发,终于攻克了这项核心技术,并开始小批量的生产。该公司生产的摆线针轮 RV 减速器在 2015 年度被评为宁波市装备制造业重点领域省内首台(套)产品。

工业机器人是高端智能装备产业的典型产品。从 2013 年开始,我国已成为世界最大的工业机器人市场，正逐步进入工业机器人产业化发展阶段。然而在工业机器人产业化进程中，存在着许多阻碍其发展的难题。其中，以关节减速器为代表的核心零部件不能自给自足、受制于人的现状显得尤为突出。精密减速器是工业机器人的核心零部件，占整机成本的30%以上。目前工业机器人的关节主要采用RV减速器、行星齿轮减速器和谐波齿轮减速器等进行传动。中大力德公司研发的RV减速器，瞄准产业的前沿，对促进我国工业机器人产业的发展具有重要意义。

改革开放以来，我国工业基础发展虽然取得了显著成效，但关键基础材料、核心基础零部件（元器件）、先进基础工艺、产业技术基础等基础能力依然薄弱，已经成为制造大国向制造强国迈进的瓶颈。正如中大力德公司岑国建总经理所说，"装备制造业最终的竞争都会聚焦到核心技术的零部件上"。为了弥补基础能力短板，以下几个方面值得注意。

第一，强化顶层设计。当前状况下，企业从事共性技术研发热情减弱，行业内公共服务平台缺乏整合，量多而散，创新机制不顺畅。这就需要政府或行业协会强化顶层设计，加强基础理论及应用基础理论研究，加大行业共性技术研发投入力度，建立公共服务平台，实现成果共享。通过顶层设计，产业增速适度，结构不断优化升级，从要素驱动、投资驱动转为创新驱动。

第二，建立产学研用协同创新体系。为了研发RV减速器，中大力德公司引进国外先进技术，并与宁波大学、浙江工业大学等开展合作，摆线针轮RV减速器被列入2015年度宁波市装备制造业重点领域省内首台（套）产品。产学研合作成效明显，但是还要加大与用户合作的力度，需要在用户产品嵌入式一体化设计、长期运行可靠性和稳定性等方面与用户合作，协同创新。过去，我们注重产学研协同创新，但是在高科技和新兴产业领域，还要重视用户的参与，需要建立产学研用协同创新体系。

第三，加大财税政策支持力度。以市场需求为导向，制定鼓励企业采用首批国产关键基础材料、核心基础零部件（元器件）的优惠政策。适时调整政府采购目录，建立采购搭配制度。建立使用国产基础产品的保险及风险补偿机制，为国产基础产品进行信用增级，解除和降低使用国产基础产品的风险。

第四，发挥金融体系支撑基础能力提升的作用。吸引整机企业、基础领域企业、金融机构等共同出资，组建工业基础领域产业发展基金。鼓励信用担保行业和保险行业参与工业基础领域发展，通过股权融资、债券融资、实物抵押等多种方式为工业基础领域企业提供信用增级。

第五，加大知识产权保护力度，形成可持续发展机制。通过申请专利，起草国家或行业标准等加大知识产权保护力度。通过新产品开发、工艺改进，源源不断地为企业可持续发展提供动力。

（评论时间：2016.1.23）

研企合作协同创新，实现生态和经济效益双丰收

【背景材料】宁波太极环保设备有限公司与中国科学院过程工程研究所签订合作协议，双方将通过院企合作发挥各自在人才、技术、装备、产业化等方面的优势，共同攻关焦化行业焦炉烟气低温脱硫脱硝等行业难题。

宁波太极环保设备有限公司是一家专业从事工业烟气治理、盐碱地改造和微生物研究，集科研、设计、工程、制造为一体的现代化科

技型企业。该公司以承担的国家经贸委重点技术创新项目“废气废渣无污染综合治理技术”和环境保护部重点环境保护实用技术“DS-二氧化硫烟气处理办法”为依托，通过与中国科学院过程工程研究所等科研院所合作攻克一系列技术难题，在工业烟气治理行业解决方案设计和技术服务，专业工业烟气治理设备的制造，特别是在焦化行业焦炉烟气低温脱硫脱硝技术等方面已跻身国内先进行列，在钢铁冶金脱硫方面处于前沿地位，取得了较好的生态效益和经济效益。

宁波太极环保设备有限公司的成功经验，首先得益于企业和科研院所的合作。多年来，该公司与中国科学院过程工程研究所合作，发挥各自在人才、技术、装备、产业化等方面的优势，围绕市场和技术前沿，通过协同创新，共同攻关焦化行业焦炉烟气低温脱硫脱硝技术等行业难题，为全国焦炭企业提供了绿色环保、节能减排的减排模式。

其次，企业和科研院所合作具有长远的规划。根据双方初步规划，借助宁波太极环保设备有限公司已有的脱硫脱硝技术、工程技术转化和产业化平台，共同开拓面向焦化、冶金等国家节能环保重点行业的新型高效的节能处理技术，科研院所将系统性地提供科研方面的支持，彻底扭转减排只有生态效益没有经济效益的观念，为大气减排注入可持续发展的经济基础。

第三，通过协同创新，凝聚队伍和人才。目前，围绕产业发展，公司凝聚了一大批具有中高级职称的优秀人才，已建立起一整套技术创新组织体系，构建了企业长远发展的人才基础，为企业不断发展壮大提供了有力的保障。

（评论时间：2016. 3. 25）

创新产学研合作模式，实现牙齿种植体产业跨越式发展

【背景材料】浙江广慈医疗器械有限公司（简称广慈公司）创新产学研合作模式研发的“ZDI人工牙种植体”是国家“十三五”重大科技专项重点支持的产品，以替代进口产品。此外，广慈公司第二代人工牙种植体研发项目已启动，主要通过“院地合作，产业对接”的模式实施。

产学研合作是指企业、科研院所和高等学校之间的合作，通常是指以企业为技术需求方，以科研院所或高等学校为技术供给方之间的合作，其实质是促进技术创新所需各种生产要素的有效组合。

欧美发达国家20世纪60年代开始把种植牙作为牙缺失修复的主要手段，我国自20世纪90年代开始进行人工牙种植体的研究，至今几乎没有国产种植牙用于临床，基本依赖于进口。广慈公司在过去的7年里，由总经理徐仲棉领导的创新团队，与浙江大学附属口腔医院、中国科学院开展项目合作，研发牙齿种植体新产品，以替代进口产品。

目前比较流行的产学研合作模式有三种。

（1）项目纽带合作模式。这是比较松散的合作模式，主要特点是企业、高等学校、科研院所以具体项目为纽带，签订合作协议，建立合作关系，项目完成，合作即解散。这种合作模式主要有三种具体形式：技术转让模式、项目委托模式、联合研发模式。

（2）建设平台合作模式。这是一种关系比较紧密的合作模式，其特点是企业、高等学校、科研院所共同投入资源建立平台，以平台为主体进行科学研究。具体形式有共建科研基地模式和衍生企业模式。

（3）产业技术联盟合作模式。由企业和高等学校、科研院所围绕

创新技术研发、共性技术攻关组建相应的产业技术联盟，集中优势力量实现产业技术创新，共担风险，共享利益。具体模式有契约产业技术联盟方式和实体产业技术联盟方式。

广慈公司在种植牙产学研合作中，牢牢掌控“精细制造＋表面改性”核心技术，通过把科研院所的新技术与企业相对接技术分包的合作模式，不仅解决了企业高端人才引进难的难题，更充分整合了优质的科研资源并使之最大化，在传统的项目组带合作模式的基础上进行了改进和创新。

目前，广慈公司已经启动第二代抗菌人工牙种植体的研发，主要通过“院地合作，产业对接”的模式实施，由广慈公司与落户慈溪智慧谷的中国科学院上海硅酸盐研究所合作进行表面改性技术研发，研究成果与产业对接。

总之，产学研合作模式必须具体情况具体分析，要因时制宜、因地制宜，需要在实践中不断探索和完善适应科技成果转化的新模式、新方法。

（评论时间：2016.5.1）

用高新技术改造传统产业是企业发展的必由之路

【背景材料】公牛集团股份有限公司（简称公牛集团）作为插座领域的专业制造商，一直屹立于行业潮头。近期，公牛集团精心打造的数码精品工厂研发了一系列新型产品，一推向市场就受到了消费者的好评。围绕智能家居相关产品的研发，成为集团新的销售增长点，为行业创新转型、产业提升提供示范。

公牛集团是一家致力于以创新科技、智能产品、优质服务为消费者提供全方位电源连接解决方案的电工集团。公牛集团的创新转型、产业提升给我们以下启示。

第一,市场需求是企业创新转型的引擎。随着触屏电脑、智能手机等电子产品的普及,公牛集团顺应时代的需求和潮流的发展,开启了传统排插从地面向桌面、床头转变的过程,以更高的标准和要求去开发集精致外观、智能、便携于一体的多功能数码精品,以适应现代人的消费需求,进一步稳固并扩展市场份额。

第二,用高新技术改造传统产业是企业发展的必由之路。公牛集团研发的智能防过充 USB 插座系列,体积、质量仅相当于一个移动充电宝,能自由控制充电时间,拥有 4 个 USB 充电接口,将电子技术和控制技术等应用到传统产品的开发中。

第三,人才和技术是企业创新转型的基础。科技创新是公牛集团作为一家国际化企业的发展命脉,凭借研发中心的一流人才资源和硬件资源,先后获得 9 项发明专利,85 项实用新型专利,产品水平不断升级。

第四,产品升级要与创意设计相结合。公牛集团在产品升级过程中,先后获得 159 项产品外观设计专利,重视产品创意设计,研发出外观精美、功能齐全,能够满足 90 后、00 后消费者需求的智能化、便携式产品,成效明显。

（评论时间:2016.5.2）

瞄准国际前沿，抢占新材料市场先机

【背景材料】在不久前的上海国际橡塑展上，宁波格林美孚新材料科技有限公司（简称格林美孚公司）展出的新型发泡材料引来不少企业的“青睐”，这种在业界被称为“爆米花”“白珍珠”的TPU发泡珠粒（E-TPU）是当下炙手可热的新材料，可用于鞋材、包装材料、缓冲垫片、汽车内饰材料和轮胎等领域。通过性能改良，还可以运用在防火、防噪、防震等产业。

格林美孚公司是一家主要从事高分子材料、新型复合材料及相关设备的研发和制造的高新技术企业，研发的新型发泡材料E-TPU克服了TPU原料质量大、硬度高、减震性能差等方面的缺点。据了解，国际上只有美国亨斯迈等少数企业生产E-TPU新材料，国内还处于探索实验阶段。在E-TPU新材料批量化生产方面，格林美孚公司处于领先地位，抢占了市场先机，撬动了新材料的大市场。格林美孚公司的成功，可以归结为以下几点。

第一，瞄准市场需求及技术前沿研发新产品。格林美孚公司根据不同的应用领域，追踪产业的国际前沿，善于抓住机会，通过引进与培养人才，针对终端产品应用，改进产品配方，研发生产工艺，经过了数千次实验终于成功研发出E-TPU新材料。

第二，重视知识产权保护。格林美孚公司在产品研发的同时，重视知识产权的保护，及时申报专利，确保其在行业的领先地位。

第三，重视产业化工艺技术和设备的研发。在工艺方面我们往往重视不够，尤其是高等院校和科研院所，重产品轻工艺，这也是我国科技成果转化率低的原因之一。其实，产品与工艺是密不可分的，具有同等重要的地位。在产品开发的同时需要考虑工艺设计，缩短科研成果产业化的时间。其次，产业化关键专用设备，引进固然可以，但价格肯定高，核心技术掌握在别人手里，受制于人。自主设计和联合设计研发关键专用设备，对确保企业技术领先地位和引领行业发展具有重要作用。

（评论时间：2016.6.6）

以消费需求促供给升级

【背景材料】宁波海仕凯驱动科技有限公司（简称海仕凯公司）找准消费者的需求痛点，自主研发了自动升降技术，在小小一张书桌上，加入智能元素，找准了产品升级的突破口。公司以消费需求促供给升级，通过供给侧的改变，创出了一片天地，小书桌做出了大市场。

海仕凯公司是一家从事康复、保健用线性驱动系统，功能家具及其部件的研发、制造加工的企业。近年来，针对长期伏案工作人员腰痛和脖子痛等不舒服的问题，自主研发了能自动升降的书桌。按下该书桌的智能键，就可以自动升降桌面高度，既能控制桌面升降，又能记忆升降高度，同时还具备与车窗防夹功能类似的升降回缩功能，有效地解决了长期伏案工作人员工作疲劳的问题。由于找准了产品升级的突破口，在小小一张书桌上，加入智能元素，快速地占领欧美市场，其销量已经处于全球前三位。2015 年，公司实现销售收入 1.2 亿元，预计 2016 年将超 1.8 亿元，以消费需求促供给升级，创出了一片天地。海仕凯公司成功的经验给了我们以下启示。

第一，市场需求是制造业改变供给侧的着落点。市场需求的核心是要找准消费者的需求点、痛点，也是传统产品升级的突破点。通过扩大有效需求倒逼供给升级，实现稳增长和调结构互为支撑、互促共进。以中国游客出境“扫货”现象为例，除名牌手表、衣服等高端名品外，还有不少日用品，因为国外产品设计新、功能全、质量好，即便价格高，中国游客也愿意买。只要国内供给侧对消费升级及时跟进，产品的品质、品种、规格、安全性满足消费者需求，也就不会出现如此严重的“扫货”现象。

第二，技术支撑是供给升级的基础。虽然海仕凯公司生产的书桌加入了智能元素，但是，它的技术并不复杂，基本上应用的是现有成熟的技术。这就需要企业善于集成创新，充分利用现有的成熟技术，与市场消费需求升级有效对接，实现产品的技术升级。在这里要特别强调创意设计非常重要，除技术、功能设计外，更要重视产品的外观设计。把改善有效供给作为主攻方向，减少无效和低端供给，扩大有效和中高端供给，增强供给结构对需求变化的适应性和灵活性，不断拓展供给的应用领域。

第三，稳步提高产品质量是供给升级的保障。海仕凯公司生产的书桌一侧放 100 千克的重物，书桌不至于产生倾斜，桌面会平衡上升、下降，也不会出现异音、杂音，可以说功能全、质量优。只有高质量的产品才会在市场上畅销不衰，否则只能是昙花一现。在产品质量方面，国内企业重点需要在产品质量可靠性、性能长期稳定性等方面给予更多的关注。

（评论时间：2016. 6. 9）

绿色发展是我国工业转型升级的必由之路

【背景材料】宁波贝仕利机电技术有限公司(简称贝仕利公司)是慈溪市一家专业为轴承行业服务配套各类精密备品备件的综合性民营企业。近年来,该公司不断加大对轴承生产节能降耗产品的研发,主攻的节能型高速磨用电主轴项目打破了传统汽油雾润滑方式,改用油脂润滑方式,满足了轴承行业技术改造的需要。

贝仕利公司研发生产的DBBL节能环保型电主轴产品,采用高速高温油脂润滑,切除汽油雾通道,从而免去了原汽油雾润滑必需的压缩空气及雾化系统的巨大投资,杜绝了汽油雾造成的环境污染及各种安全隐患,减少了对员工健康的损害。高刚度、强力磨削型节能环保型主轴的成功开发,替代了国外进口产品,填补了国内空白。该产品研发的成功,符合国家的产业政策,绿色发展是我国工业转型升级的必由之路。

绿色制造技术是指在保证产品的功能、质量、成本的前提下,综合考虑环境影响和资源效率的现代制造模式。它使产品从设计、制造、使用到报废整个产品生命周期中不产生环境污染或环境污染最小化,符合环境保护要求,对生态环境无害或危害极少,节约资源和能源,使资源利用率最高,能源消耗最低。

工业和信息化部发布了《绿色制造工程实施指南(2016—2020年)》及2016年专项行动计划,贝仕利公司研发的DBBL节能环保型高速电主轴产品,符合绿色制造工程实施指南要求,已应用于全国100多家轴承企业及精密机加工企业的高速磨用电主轴技术改造中,成为行业绿色制造的典范,引领行业的发展,无疑具有很好的示范作用。

慈溪的绿色制造产业已有一定的基础，如宁波太极环保设备有限公司废气废渣无污染综合治理技术及设备、宁波贝尔斯能源科技有限公司太阳能电池发电技术及装备等，在行业具有一定优势，建议政府有关部门将相关企业组织起来，成立绿色制造产业联盟，相互交流经验，带动区域绿色制造技术的发展及推广应用。

改变传统的制造模式，推行绿色制造技术，发展相关的绿色材料、绿色能源和绿色设计，生产出保护环境的产品，提高资源效率势在必行。在发展绿色制造过程中，需要加强产学研合作，在绿色设计、绿色制造工艺、绿色制造材料选择、绿色包装技术、回收处理、绿色制造管理、绿色制造设备利用等方面合作，优势互补，协同创新。此外，还需要加强知识产权保护，保护企业的合法利益不受侵害。

（评论时间：2016.6.10）

扬长避短，创新驱动，确保企业可持续发展

【背景材料】浙江恒耀实业有限公司（简称恒耀公司）通过加大研发力度、苦练内功实现产品转型，从运动器械向居家市场发展，推出的多种居家型中高端健身器材受到国内外客户的青睐。2015 年在美国市场和国内市场的销售都增长了一倍，2016 年销售突破 2.4 亿元，同比增长了 20%以上，实现销售产值逆势上扬。

恒耀公司在产品转型升级过程中，取得了不俗的业绩，其成功的经验可以归纳为以下几点。

第一，要有敏锐的市场洞察力。随着技术的进步和经济的发展，微

电子技术、互联网技术、计算机技术等信息技术在运动器械领域的应用越来越普及，运动器械逐步向居家智能化方向发展，实现了传统运动器械的升级换代。恒耀公司准确地把握了市场的脉搏，开发了中高端产品，如立式磁共车、懒人车、椭圆机、踏步机、划船器、风扇车等，非常受客户欢迎，通过错位发展，抢占了市场的先机。

第二，扬长避短，通过创新驱动，确保企业可持续发展。恒耀公司瞄准中高端产品的市场需求，有所为，有所不为，加大中高端新产品的研发投入。2016年除研发人工费、设备投入、软件投入外，仅模具费投入就超过了600万元。通过不断地研发新产品、改进生产工艺、降低产品成本，提高了企业的抗风险能力。

第三，生产一代、研发一代，通过不断创新，实现企业可持续发展。在世界消费市场，目前恒耀公司的极限运动器械产品只占10%左右的市场份额。恒耀公司在现有中高端产品研发的基础上，将在极限健身器械方面加大研发投入，以期占领更广阔的国内外市场。通过持续不断的创新，确保企业可持续发展，在激烈的市场竞争中处于不败之地。

（评论时间：2017.1.22）

不断创新是宁波家电产业可持续发展的源泉

【背景材料】最近第13届中国慈溪家电博览会开幕，有220余家家电企业参展，近1000家家电采购商通过线上线下及电话直接提供采购清单，与参展企业进行贸易对接。预计家电产业互联网平台馆、净水及家电综合馆、健康家电馆等三大展馆展示规模将创历史之最。此次家电博览会重点突出三“新”：一是突出新产业，做好“智能家电”大文章；二是突出新动能，加强企业和区域联动；三是突出新渠道，促进线上和线下融合。归纳为一点，就是通过技术和管理创新，促进家电产业可持续发展，创新是企业发展的源泉。

在全球范围内，家电产业呈现以下特征：

从产业结构上看，家电产业是一个高度竞争的产业，是一个高资本投入的产业，家电产业的竞争逐步打破国与国之间的界限，国际范围内家电产业的资产重组步伐日益加快。

从产销结构上看，家电产业由过去的产能不足发展到过度生产，产品由量的提升发展到质的提升，企业由过去的单一品牌发展到多品牌、副品牌，由完全自行生产发展到由其他企业代工生产，由企业间的技术合作发展到战略联盟，由原来的生产导向发展到营销导向。

从产业经营环境来看，产业经济逐步由劳动密集型发展到技术密集型和资本密集型；消费需求由原来的生存需求、拥有需求发展到量和质的需求；消费形态由原来的单线型、盲从型发展到现在的组合型和客观型；消费者的心理日趋成熟，由感性消费上升到理性消费；消费者所喜爱的商品不再是越大越好，而是追求轻薄短小和个性化。

为了适应世界家电产业发展的趋势，宁波的家电产业应从以下几个方面改革创新。

首先，要将先进的微电子技术、互联网技术、计算机和控制技术、工业设计技术应用于产品设计，实现产品的升级换代，实现家电产品向功能智慧化、多样化、系统化、操作简单化方向发展，使产品更加安全、健康、节能、快捷便利、经济高效。

其次，不断采用新技术、新材料、新工艺，提高产品的性能和生产制造水平。尤其是要抓住中国制造高质量发展和宁波市"3511"产业体系建设的契机，加大企业技术改造力度，加大两化融合力度，使产业的制造水平上一个新台阶。

第三，关注国际产业转移及兼并的发展趋势，抓住机遇，实现弯道超车。世界家电生产基地逐步由发达国家向发展中国家转移，中国和东南亚国家成为家电产业转移的主要承接地，行业集中度继续提高。宁波企业要瞄准国际高端市场，练好内功，做好承接产业转移和国际兼并的准备，抓住机遇，后发制人。

第四，创新销售模式，扩大线上和线下融合。在大力推进"互联网+"背景下，企业要研究新情况，解决新问题，充分利用互联网和大数据技术，增加有效供给，尤其是通过创新，实现由传统的批量生产向个性化定制生产的转变，由"制造"向"智造"的转变。

（评论时间：2017.3.1）

月立电器创新赢市场

【背景材料】浙江月立电器有限公司（简称月立电器公司）专注高端电吹风、美容美发电器产品的生产，通过持续技术创新，产品赢得了市场。2017年1月份销售收入已超过8000万元，产品销往欧美等高端市场，其中，电吹风在国际市场上的占有率达到了15%，实现了生产、销售的开门红。

月立电器公司成功的经验可以归纳为以下几点。

首先是传统产业与现代科技有机结合，实现了产品的升级换代。月立匠人创新传统的吹风机，把普通的美发梳设计成几十个款式，植入智能感应、负氧离子、恒温控制等智能科技元素，提高了产品的档次。

其次是确保科技投入。近年来，公司每年投入销售收入4%以上的资金用于新产品、新技术的研发，投入1000万元建立了高规格的检测实验室，为产品创新提供了资金和实验条件保障。

再次是从市场和客户的需求出发进行产品创新。客户满意是产品畅销的保障，月立电器公司在产品设计过程中，非常重视客户的体验，重视产品的方便性、安全性，不断提高客户的满意度。

最后是重视知识产权保护。目前月立电器公司拥有200多项专利，其中，发明专利近10项。这里建议要加大发明专利和国际专利申报力度，加大原始创新，进一步提高企业的竞争力。

（评论时间：2017.3.10）

以智能制造引领，加快慈溪家电产业智能升级

【背景材料】2017年中国家电及电子消费博览会汇聚了全球知名品牌参展，堪称史上最豪华阵容的家电及电子消费产品集中亮相。慈溪市的宁波方太厨具有限公司（简称方太厨具公司）、宁波先锋电器制造有限公司（简称先锋电器公司）、卓力电器集团有限公司（简称卓力电器公司）、浙江月立电器有限公司（简称月立电器公司）、浙江艾波特环保科技股份有限公司等整体出击，刮起“智能旋风”，引领中国智慧生活新趋势。

近日开幕的2017年中国家电及电子消费博览会，汇聚了全球知名品牌，慈溪市的方太厨具、先锋电器、卓力电器、月立电器等公司整体出击，刮起“智能旋风”，瞄准国际前沿，抢占智能家电“制高点”，争创“中国制造”品牌。为了推动宁波市制造业高质量发展及“3511”产业体系

建设，宁波市出台了22条精准扶持政策，按照“对标国际、领先全国”的要求，以发展智能经济为主攻方向，加快形成以“智能升级、智慧转化、智力集聚”为特征的“宁波智造”新格局。突出发展新材料、高端装备、新一代信息技术等三大战略性产业，提升发展汽车制造、绿色石化、家用电器、时尚纺织服装、清洁能源等五大传统优势产业，培育生物医药、海洋高新技术、节能环保等一批新兴产业，扶持工业创新设计、科技服务、检验检测等一批生产性服务业，努力打造形成“3511”产业体系。家电产业是慈溪市的优势特色产业，企业如何乘宁波市制造业高质量发展及“3511”产业体系建设的东风，享受政策的扶持，加快慈溪家电产业智能升级的步伐，下面结合22条精准扶持政策谈几点建议。

一是要加快实施智能化改造步伐。笔者走访过很多慈溪家电生产企业，产品的智能化水平还可以，但是生产工艺水平落后，企业发展很不平衡，有的仍处于机械化阶段，有的处于电气化阶段，有的进入工业化和信息化融合阶段，有的已具有智能制造的雏形。此次扶持政策“对自动化(智能化)成套装备改造试点、市级智能化工厂和数字化车间建设项目，按照实际投入给予不超过20%、最高3000万元的补助”，对企业生产自动化水平的提升无疑是难得的机遇。通过示范项目的建设，形成一批具有可复制推广的典型经验和做法，在其他企业推广应用，从而推动传统制造业的全面升级和跨越式发展。

二是政府要引导和规划，组建家电行业创新中心。以冰箱和洗衣机为例，很多企业的产品类似，但是没有具有自主知识产权及国际竞争力的专用控制芯片。诸如此类共性的关键技术，可以组建家电行业创新中心，由政府扶持，企业众筹，成果共享，提升产业的整体技术水平及竞争力。此次扶持政策“对列入国家级的制造业行业创新中心，给予‘一事一议’综合扶持政策，最高可享受不低于1亿元的补助。面向八大行业细分领域，支持骨干企业、高校院所牵头合作共建高水平产业技术研究院。对投资规模5000万元以上，其中仪器设备投入占60%以上的，且区县(市)已投入经费支持的前提下，给予最高3000万元的补助”。此外，“对制造业领域的重点服务平台可给予最高200万元的补助”，希望企业抓住机遇，通过产学研合作、引才引智、内部培养等多种渠道，建立创新中心(平台)，抢占技术的制高点。

三是要加大实施标准战略，引领行业发展。扶持政策“鼓励制定国际、国家、行业、‘浙江制造’标准的单位，分别给予100万元、50万元、30万元、20万元的补助”，希望企业主持和参与国际、国家行业标准的制定，提高企业在行业的话语权，同时要注意，标准战略离不开企业的技术创新，创新是基础。

四是要重视产品质量和品牌建设。扶持政策“对获得中国质量奖和省、市政府质量奖的企业，分别给予500万元、200万元、100万元的补助”“对获得中国质量奖和省、市政府质量奖、制造业领域的国家‘驰名商标’、制造业全国知名品牌示范区、‘浙江制造’品牌、‘浙江制造精品’的企业或者牵头单位，分别给予补助”，奖励力度是前所未有的。

五是要加强企业管理，技术创新与管理创新相得益彰。扶持政策“鼓励企业对接多层次资本市场，对在宁波股权交易中心挂牌、新三板挂牌、上市辅导备案、境内IPO(Initial Public Offerings，首次公开募股)受理、境内外上市以及市外买壳等方式实现上市并回归的企业，分档给予一定补助”。

六是要重视小微企业创业。扶持政策“每年安排8000万元，对于市级众创空间、小微企业创新创业基地、科技企业孵化器、商贸企业集聚区、电子商务产业园、大学生(留学生)创业园等小微企业创新创业载体，按照小微企业的使用面积、团队数量、服务能力提升建设投入等给予一定资金补助”，这对小微企业是利好消息，只有小微企业不断成长壮大，产业才能后浪推前浪并茁壮成长。

（评论时间：2017.3.15）

以技术引领市场，以创新追求发展

【背景材料】宁波福尔达智能科技有限公司（简称福尔达公司）是一家致力于生产中高端乘用车智能电子集成控制系统、汽车照明系统及空调出风口总成的企业。近年来，公司不断加大自主研发力度，使汽车功能件替代进口并实现国产化配套，获得了国内外著名整车厂家的认同。

2014年，福尔达公司接到奔驰 eclass 空调出风口项目后，就开始了技术攻关，自主研发了与欧洲保持同步的生产线。该生产线应用了CCD影像检测等一批智能化技术与装备，生产的产品质量达到国际先进水平，得到奔驰、路虎等国际品牌汽车的认可。

近年来，福尔达公司不断加大自主研发力度，使汽车功能件替代进口并实现国产化配套，获得了国内外著名整车厂家的认可，成为汽配行业的“隐形冠军”。福尔达公司“以技术引领市场，以创新追求发展”，以下几点值得借鉴。

第一，人才是企业发展之本。由于慈溪受地理条件、信息资源、生活环境等条件的限制，招揽高水平人才存在一定的困难，福尔达公司在慈溪、宁波、上海三地建立研发基地，拥有300多位优秀的各类专业技术研发人员，既解决了技术研发人员的后顾之忧，又招揽了一批高水平人才为企业服务。

第二，重视知识产权的保护。截至2016年底，福尔达公司拥有国家专利201项，被评为“国家高新技术企业”。知识产权是企业宝贵的无形资产。在此，笔者建议企业重视产品标准的研发，将专利技术转化为产品标准，为企业赢得更多的市场话语权。比如，企业要积极创造条件，参与“浙江制造”标准的制定和“浙江制造”品字标产品认证。

第三，瞄准技术发展趋势，生产一代，研发一代。总体来说，国内汽车核心零部件的研发与国际先进水平还存在着一定差距，核心零部件是中国汽车产业之短板。2015年，在“互联网+”推动下，福尔达公司的发展战略重点投入到车联网感知与智能驾驶关键技术研发及应用方面。目前，车联网智能系统开发的软硬件已获得了11项国家发明专利、8项实用新型专利。2017年又有78个项目正在进行攻关，奔驰SUV、路虎空调出风口等14个项目将投入生产。通过持续创新，保持企业在行业的领先地位。

第四，稳定的研发经费投入是企业持续创新的保障。为了实现智能制造及技术跨越，没有稳定可靠的研发经费投入是很难实现的，企业的研发经费投入，起码要达到国家高新技术企业销售收入最低比例的要求。

(评论时间:2017.7.5)

审时度势，把握机遇，创新发展

【背景材料】新海科技集团有限公司(简称新海科技集团)是我国打火机行业的领军企业，近年来，每年投入超过1500万元的资金，用于医疗器械产品的研发，实现了企业转型创新升级。新海科技集团在医疗器械产业领域已成为行业的后起之秀，初步形成了短期、中期、长期三大类产品储备，提高了市场的竞争力。

众所周知，新海科技集团是我国打火机行业的领军企业，成功打赢了欧盟反倾销诉讼、突破了欧盟 CR 技术壁垒，是两项强制性国家标准的主持制定单位，产品远销 80 多个国家和地区。近年来，新海科技集团抓住国内外对健康产业的需求和人口老龄化的趋势，通过自主创新和并购，进军医疗器械行业，已成为一家主要研制、销售各类精密塑料制品及医疗器械的科技创新型企业。集团下辖 9 个子公司、4 个生产基地、两个医疗器械全资控股公司，成立了宁波、深圳、南京三大研发中心，目标是打造成为医疗器械细分行业的龙头企业。

新海科技集团成功的经验有以下几点值得我们借鉴。

首先，审时度势，把握机遇。随着经济的发展、科技的进步、人们生活水平的提高，人口老龄化及人们对生活质量的要求越来越高已成为社会发展的必然趋势。新海科技集团把握了市场机遇，适时进军医疗器械行业，方向是正确的。

其次，经营策略稳妥。宁波曾出现过原来企业经营状况很好，但盲目拓展经营范围，导致企业衰败的先例。新海科技集团的打火机是全球领先的，但是医疗器械行业的基础是薄弱的。新海科技集团 2011 年进入医疗器械行业，通过自主研发、兼并收购和人才引进解决新产业的短板，尤其是兼并收购加速了新产业的发展步伐。另外，充分发挥企业在精密塑料、精密模具制造加工方面的优势，并应用到医疗器械产品中。通过优势拓展和优势互补发展新产业，其经营策略是稳妥的。

第三，产品技术创新与专利保护同步。新海科技集团花了 5 年时间研发的大小便智能排泄护理机，采用了具有授权专利的红外感应技术、涡旋冲洗技术。笔者没有看到专利的具体内容，但还是要建议企业做好专利的布局工作，注意基础专利和关联专利、国外专利申请等，确保专利权有效实施。笔者去过宁波的很多企业，企业的专利数量不少，但是专利的布局和水平不高，政策驱动申报的专利偏多，市场驱动申报的专利偏少，需要对企业加以引导，在质和量方面不断提升。

第四，预则立，不预则废。目前，新海科技集团已形成了以深圳尤迈和宁波华坤两个全资控股公司为中心的生命信息与支持、麻醉呼吸、家庭健康三大业务板块，每年投入资金超过 1500 万元，用于医疗器械产品的研发，初步形成了短期、中期、长期三大类产品储备，提高了市场的竞争力。通过三到五年的努力，力争成为全国细分市场的前三强，这一点非常值得大家学习。有资料显示，我国企业的平均寿命不长，这已成为制约我国经济长期发展的因素之一，建议企业要有长远的发展规划，建百年企业，创世界品牌。

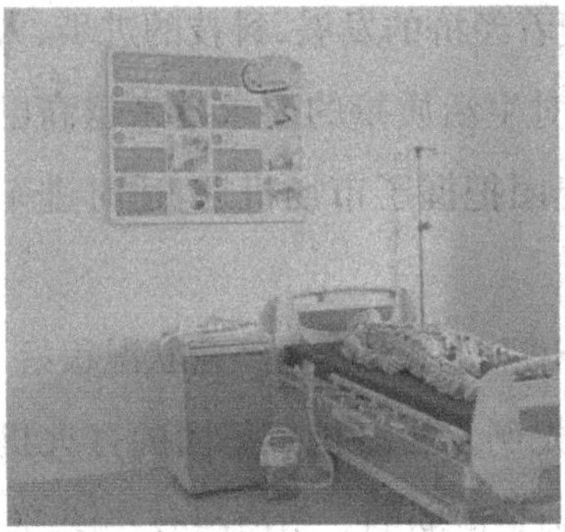

（评论时间：2017.9.9）

发扬工匠精神，做精做大做强细分产业

【背景材料】慈溪龙山汽配有限公司（简称龙山汽配公司）是一家以生产汽车零配件为主的企业，通过不断的技术改造，提升了产业链的核心竞争力，占据了世界七分之一的轿车和商务车 ABS 电机外壳市场，成为慈溪制造的又一个隐形“单打冠军”。

龙山汽配公司取得的成功，有以下三点值得我们借鉴。

一是专注。ABS 电机外壳在汽车零配件中可以说是一个小产品，而且种类繁多的汽车需要配套不同的ABS电机外壳，但是，龙山汽配公司多年来专注于生产轿车和商务车ABS电机外壳，把小产品做到了极致。

二是工匠精神。龙山汽配公司对于产品的质量要求是十分苛刻的，上游企业要求ABS电机外壳的误差不能超过30微米，废品率要控制在百万分之二十五以下。公司严格质量管理，哪怕废品率低于百万分之二十五以下，也要进行检查控制；哪怕只有一个问题，也要去处理，并在24小时之内把所有质量问题分析到位。这种精益求精的工匠精神，值得我们学习并发扬光大。

三是与时俱进。ABS电机外壳模具的质量对产品质量至关重要，龙山汽配公司每年投入近2000万元用于模具开发，模具车间的生产设备都是世界上最先进的设备，ABS电机外壳的制造周期和成本比欧美国家少了近三分之一。龙山汽配公司凭借其综合竞争优势在激烈的市场竞争中崭露头角。此外，龙山汽配公司乘宁波市构建"3511"产业体系建设的契机，加快数字化车间改造的步伐，提高产品的生产工艺水平，推进精益化管理，进一步降低产品制造成本，实现了企业的可持续发展。

（评论时间：2017.9.18）

"浙江制造"标准引领"浙江制造"品牌建设

【背景材料】新海科技集团有限公司继2016年发布《不可调节式打火机》"浙江制造"团体标准后，日前，经"浙江制造"品牌建设促进会批准，又发布了一项"浙江制造"团体标准《不可调节式气体点火枪》，成为慈溪市第一个主持起草两项“浙江制造”团体标准的企业。

“浙江制造”品牌建设，是推进供给侧结构性改革的重要突破口，是推动浙江省从制造业大省迈向制造业强省的一项重要举措。“浙江制造”着力从制造业的供给端发力，使标准提档、质量提升、品牌增效，推动浙江省经济迈上更高层次、更高质量。

“浙江制造”团体标准是浙江省“浙江制造”品牌建设促进会针对具体产品制定的团体标准，其定位和内涵必须符合：主要技术指标应达到国内一流、国际先进水平，即国际上没有同类产品的，应达到国内一流水平，国际上有同类产品的，应达到国际先进水平。相比于国家标准等其他标准，“浙江制造”团体标准从产品设计、制造、使用等产品全生命周期制定规范，全方位保障“浙江制造”产品的质量，保障“浙江制造”品牌信誉。

“浙江制造”团体标准是该产品“浙江制造”品牌建设的纲领性文件，标准获批后，第三方认证机构将依据“浙江制造”团体标准对产品全生命周期的质量进行实地考核，对符合高标准、高质量要求的产品才允许冠以“浙江制造”品牌标识，同时获得欧美一些先进认证机构的互认。

企业在“浙江制造”团体标准和“浙江制造”品牌建设中，必须牢记以下几点。

首先，创新和技术进步是“浙江制造”团体标准和“浙江制造”品牌建设的灵魂。不但要有技术创新，还要有管理创新。

其次，质量是“浙江制造”的基因，信用是“浙江制造”的脊梁，“工匠精神”是“浙江制造”的手段。

最后，在实践过程中，企业要以高标准带动企业快速提升，以认证向社会传递信任，以梯度培育促进企业产品质量的全面提高。通过以点带面，一步一个脚印地稳步推进，推动企业稳定健康地向前发展。

（评论时间：2017.10.29）

与时俱进，精益求精

【背景材料】宏一集团有限公司（简称宏一集团）创建于1994年，是一家专业生产、销售电源连接器和厨房小家电的企业，年产值10多亿元，产品基本外销。历经20多年的发展，宏一集团已成为亚洲欧式电源连接器制造的大企业之一，进入中国民营企业500强，先后获得中国驰名商标等多项国家级殊荣。宏一集团的产品通过多项国际权威机构的认证，拥有2800余张各类安全证书，在欧洲十多个国家注册了商标，产品畅销欧美国家和地区。

最近，宏一集团制造的USB电源插座异常火爆，尽管价格比同行高出5%，但是，国外分销商拿货还需要先付定金，还要排上90天左右的队才能拿货。

宏一集团成功的经验有以下几点值得借鉴。

第一，瞄准市场需求，基于实用创新，不断研发新产品，不断推陈出新。宏一集团每年把销售额的3%用于新产品的研发、实验室改造，同时密切关注市场需求的变化，不但注重产品的内在品质，而且还重视产品的外观，顺应时尚潮流，每年开发更新的产品达三四百种，相当于每天就有一种新品问世。通过不断的创新，产品占据了约35%的欧洲市场，在英国，更是达到了约75%。

第二，重视产品质量。宏一集团严把质量关，在集团的每20个人中，就有一人是专门把关质量的。通过制定严格的企业标准，强化过程质量控制，员工均按照企业标准的要求，严格控制每道工序的质量。正如宏一集团总裁李明波所说：“现在我们一般不跟客户讲，我们的品质很好，我们只是告诉他，我们的产品，是怎么做出来的”。正是由于专注于产品质量，企业才得到了更多客户的青睐。

第三，重视国际权威机构认证。宏一集团拥有2800余张各类安全证书，如与德国电气工程师协会（VDE）等机构合作，为企业产品进入欧洲市场创造了良好的条件。德国电气工程师协会（VDE）是欧洲最有经验、在世界上享有很高声誉的认证机构之一。作为一个中立的、独立的机构，德国电气工程师协会（VDE）依据企业申请，按照德国VDE标准或欧洲EN标准，或国际电工委员会（IEC）标准对电工产品进行检验和认证。对于经过德国电气工程师协会（VDE）按照严格的标准检验和认证的产品，消费者可以完全放心使用，VDE标记成为最著名的安全标记之一。宏一集团正是通过获得的一系列权威机构的安全证书，才获得了良好的市场信誉。

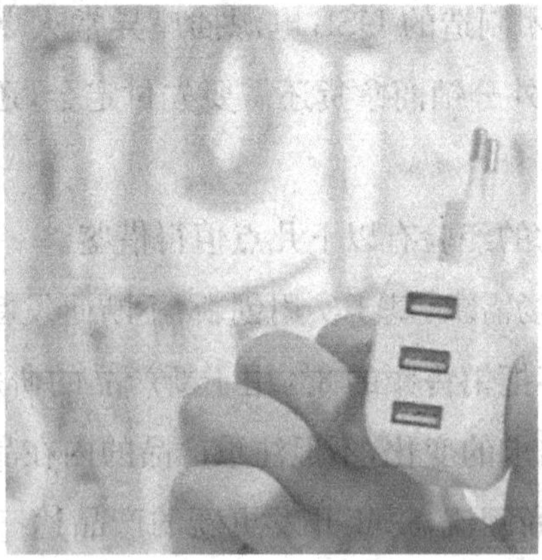

（评论时间：2017.10.30）

工业强基工程是实现智能制造的基础

【背景材料】日前，宁波墨西科技有限公司(简称墨西科技公司)的"电子级石墨烯微片生产技术改造"项目、中大力德智能传动股份有限公司(简称中大力德公司)的"机器人精密摆线针轮减速器技术改造"项目成功入选2017年国家工业转型升级强基工程。至此，慈溪市共有4家企业的4个项目入选国家工业转型升级强基工程，占宁波市的40%，居宁波各县(市、区)首位。

经过多年的发展，我国已建成了门类齐全、独立完整的现代工业体系，成为具有重要影响力的工业大国。但是，工业基础能力薄弱仍然是制约我国制造业创新发展和质量提升的症结所在。关键基础材料、核心基础零部件(元器件)依赖进口，关键核心技术受制于人，先进基础工艺研究少、推广应用程度不高，产业技术基础薄弱、服务体系不健全等问题仍然突出，严重影响主机和成套设备、整机产品的性能、质量和品牌形象。从2013年起，工业和信息化部每年以招标的方式，推进工业强基工程。前面所说的慈溪市入选工业转型升级强基的4个项目就是其中之一。

工业基础能力及水平直接决定着产品的性能、质量和可靠性，是工业整体素质和核心竞争力的根本体现，是实施制造强国战略的重要基础和支撑。工业强基工程的实施，促进企业从制造走向"智造"，是实现智能制造的基础。慈溪市为了更好地推进工业强基工程的实施，出台了慈溪市工业强基(关键基础件)三年行动计划，明确提出到2019年底，重点突破25项以上核心基础零部件(元器件)、关键核心技术和关键基础材料，打造1家宁波市级特色产业示范园，在重点发展的"四基"

细分领域，培育10家左右具有较强竞争力的高成长性企业，培育一批专、精、特、新的“四基”企业。要实现上述目标，还要注意以下几方面的问题。

第一，要对慈溪市企业“四基”的基本情况进行系统梳理、诊断分析。笔者最近参与部分规上企业（规模以上企业）的智能化改造诊断，通过调研，发现企业的实际情况与我们平时的印象存在一定的差距，过去认为技术先进、管理规范的企业，其实存在的问题还不少，仍有较大的改进、完善空间，甚至存在影响企业发展的隐患。同样，通过对企业“四基”情况的调研诊断，可以及早发现问题，选准关键突破方向，少走弯路。企业“四基”情况调研诊断工作可以结合企业智能化改造诊断同步进行，不必另起炉灶。

第二，整合资源，形成合力。除墨西科技公司、中大力德公司外，慈溪市还有一些涉及“四基”的企业也很有特色，如浙江力创自动化技术有限公司，在机器人驱动器和PLC控制器等领域有较好的基础，具有较大的发展潜力。笔者建议政府引导，以整机或主机企业为龙头，基础零部件、原材料企业配合，以产业技术应用为导向，对共性关键技术问题联合攻关，构建相对完整的产业链，形成合力，推动行业整体的技术进步。

第三，以产业应用为导向，产学研合作为基础，开展应用基础研究。笔者最近走访了慈溪市一家生产汽车零部件的企业，该企业的产品为国际知名品牌汽车的配套产品，市场没有问题，设备也比较先进，但是产品废品率偏高，究其原因主要是工艺设计不合理。导致工艺设计不合理的原因是缺乏对产品误差溯源、分解的研究，不能采取有效的手段从前面相关工序减小误差，导致后面工序产生的误差不断积累，从而使产品废品率偏高。类似的情况还不少，因此提高企业的“四基”水平，应用基础研究必须加强，而且企业与高校、研究机构联合是提高研究效率的有效途径。

（评论时间：2017.10.30）

专利示范企业引领，推动专利成果产业化

【背景材料】慈溪市的宁波恒剑光电科技有限公司、宁波来和圣诞礼品有限公司、浙江亿日气动科技有限公司、宁波祈禧电器有限公司这4家企业获得“浙江省专利示范企业”称号，标志着企业技术创新又上了一个新台阶。近三年，这4家企业拥有各类有效专利都在20项以上，或拥有发明专利5项以上；企业经营状况良好，专利产品年产值5000万元以上，销售额占各企业总销售额的50%以上。

专利作为一种无形资产，有利于在市场竞争中争取主动，确保自身生产与销售的安全性，通过应用专利，企业可以获得长期的利益回报。专利具有巨大的商业价值，是提升企业竞争力的重要手段。企业将科研成果申请专利，是企业实施专利战略的基础；专利的质量与数量是企业创新能力和核心竞争力的体现；拥有专利是申报高新技术企业、各类科技计划项目等的基础，有利于企业的科技进步和经济发展。

充分发挥专利在促进企业技术创新、增强企业核心竞争力中的作用，努力提高企业创造、管理、保护和运用专利的能力，既是企业的发展战略，也是国家战略。企业的专利工作是企业改革和发展的重要内容，也是建立现代企业制度的重要组成部分。

当前企业的专利工作，以下几方面值得注意。

第一，政府的引领和示范。政府组织的专利示范企业评选，并给予企业一定的奖励，就是树立企业专利工作的典型，提供具有可参考、可复制学习的范例。要充分依靠和运用专利制度，促进企业技术创新，扩大自主知识产权总量，并采取切实可行的措施，把专利工作纳入企业的技术创新、生产、经营等各个环节，不断增强企业在国内外市场上的竞争力。

第二，建立企业专利工作的长效机制。企业要建立有效的专利工作机制，管理、人员、经费等要落实到位：提高企业员工的知识产权意识，培养企业知识产权管理人才；加强企业专利管理工作，特别是要加强技术活动中形成的与专利申请和保护相关人员的职业规范，避免知识产权受到侵犯；加强专利信息利用工作，在新技术、新产品开发立题和开发过程中，要进行专利文献检索，避免低水平重复和侵犯他人的专利权；在技术、设备引进和对外合资、合作中，凡涉及专利部分，都要对其法律状态进行检索，以避免不应有的损失和防止侵犯他人的专利权；制定完善的专利发展规划，具备一定的专利制度运用能力；建立企业专利工作绩效考核制度，形成长效的激励机制。

正是基于建立企业专利工作的长效机制出发，有关管理部门对浙江省专利示范企业实行动态管理，每三年对其进行一次复核，复核不合格的，取消“浙江省专利示范企业”称号。

第三，警惕企业专利申请中的短期和纯功利行为。众所周知，专利是申报高新技术企业、各类科技计划项目等的必要前提条件之一。有的企业为专利而专利，委托专利代理机构胡编乱造，唯专利数量，不考虑真正的创新和知识产权保护，只考虑能够授权，既浪费了企业的资金，又造成了社会资源的浪费，也可以说这是一种学术不端行为。

第四，加大知识产权保护力度，鼓励企业申报更多核心技术专利。由于知识产权保护取证难度大，法律保护花费时间长、精力大，有的企业对真正的核心技术不申请专利，往往导致后来者捷足先登，错过了企业知识产权保护的良机。因此，国家不仅要重视知识产权立法，更要加大在执法层面知识产权的保护力度，保护企业的合法权益。

（评论时间：2018. 8. 30）

“浙江制造”品字标助推企业拓展海外市场

【背景材料】2018 年，新海科技集团有限公司（简称新海科技集团）获得了浙江省首批“浙江制造”品字标认证证书。依托这块金字招牌，“新海”打火机在海外市场的销量快速增长。

“浙江制造”品牌是整体反映、综合体现浙江企业和产品形象的区域公共品牌，目标定位是高品质、高端化。

“浙江制造”品牌认证模式是：企业自主申明＋第三方认证＋政府监管。

企业自主申明就是企业自我评价其产品是否符合“浙江制造”标准，自主申报。第三方认证主要是“浙江制造”国际认证联盟等第三方机构负责现场审核、产品抽样、年度监督等工作，承担认证连带责任，同时积极推进国际合作与互认，确保“浙江制造”品牌的权威性和有效性。政府监管就是通过政府引导、政策推动和部门监管，加强对“浙江制造”品牌的培育、监督与保护。

“浙江制造”品牌认证重点要做好以下几个方面的工作。

第一,“浙江制造”品牌的生产企业应掌握产品核心技术,具有自主知识产权,并具有持续创新能力。作为国内打火机行业的“领头羊”,新海科技集团始终致力于打造核心竞争力,已建成一个国家级企业工程技术研发中心,累计获得国内外专利授权1000多项。

第二,制定或采用符合国际先进标准或达到国际先进水平的“浙江制造”产品标准,即产品国内一流、国际先进。“浙江制造”标准体系应用了“A+B”模式,整体体现浙江制造“好企业”和“好产品”的区域品牌建设理念。A标准即《“浙江制造”评价规范》,对“浙江制造”品牌企业提出“品质卓越、自主创新、产业协同、社会责任”的硬性要求。B标准代表的是“浙江制造”个性产品的综合要求,集中呈现了“浙江制造”产品标准中“精心设计、精良选材、精工制造、精准服务”的内涵。

第三,利用“浙江制造”认证的国际化优势,助推企业拓展海外市场。2016年7月,“浙江制造”认证联盟吸纳美国UL公司、必维国际检验集团等5家国际认证机构加入,成立了“浙江制造”国际认证联盟,确立了“企业自主申明+第三方认证+政府监管”的“浙江制造”认证模式。“浙江制造”认证证书与有关国际认证机构的证书互认,为企业产品进入国际市场提供了便利,助推了企业拓展海外市场。

第四,“浙江制造”产品的生产企业在履行企业社会责任方面应起到先锋模范作用。“浙江制造”产品的生产企业必须履行产品和服务质量安全,履行公共责任,诚信经营,做一个富有社会责任感的“浙江制造”企业。

(评论时间:2018.9.2)

核心技术领跑针织智造

【背景材料】宁波慈星股份有限公司始创于1988年,多年来,公司始终坚持科学技术是第一生产力的理念，以领先的技术、过硬的品质和完善周到的售后服务赢得市场。近年来，公司采用高新技术让纺织业“脱胎换骨”，“慈星智造”是电脑横机行业当之无愧的领跑者。

宁波慈星股份有限公司，原为宁波市裕人针织机械有限公司。目前，公司已经发展成为由宁波慈星股份有限公司、宁波裕人数控科技有限公司、慈溪创福软件有限公司、宁波慈星纺织机械销售有限公司等组成的集团型企业（简称慈星集团）。

慈星集团的发展历程给我们以下几点启示。

第一，不断追踪国内外先进技术和市场的发展趋势，与时俱进。随着电子技术、计算机技术、自动化技术的发展，纺织机械也必须向智能化方向发展。为此，慈星集团牵头打造了环杭州湾智能产业创新服务中心，引进了8家智能制造公司，打造人才集聚高地。一个聚焦“互联网+”、人工智能、机器人等新经济和先进制造高端装备领域的创新服务中心初具雏形，为未来针织智造的蓬勃发展奠定了基础。

随着人们生活水平的提高，对服装的要求也越来越追求个性化，慈星集团打造了全球首个毛衫互联网个性化定制平台。该平台生产出的针织毛衫是从纱线直接编织成成衣，类似于3D打印，相对于一般梭织服装更具有可定制性，定制参数可以根据客户的喜好自由组合。

第二，借船出海，自主航行。为了提高企业的市场竞争力，慈星集团先后收购了瑞士斯坦格等数家拥有先进技术的智能制造公司，通过消化、吸收国外先进技术，使企业产品的技术层次迅速提升。同时，在消化、吸收的基础上再创新，形成具有自主知识产权的技术，站在巨人的肩膀上，更上一层楼。近些年，慈星集团拥有490余项授权专利，其中发明专利109项，获得国家科技进步二等奖1项。2010年，慈星集团销售的电脑横机数量首次超过国外两个知名品牌的销量总和。

第三，有所为，有所不为。尽管世界丰富多彩，但是，慈星集团把握企业发展的主线，通过不断的技术进步，推陈出新，其主导产品——电脑横机、电脑无缝内衣机和电脑高速丝袜机，已经成为全球针织产业的重要设备供应商。慈星牌电脑横机是全球领先品牌和中国电脑横机第一品牌，年产量和年销量均居世界首位。基于强大的研发实力和持续的技术创新，慈星集团已经掌握了电脑横机和电脑无缝内衣机的核心技术，其中，多项技术达到国际先进水平，产品技术水平和质量始终保持国内前沿。慈星集团主持起草了电脑横机和电脑无缝内衣机的国家行业标准，把握了行业的话语权，树立了企业的行业地位。

（评论时间：2018.9.3）

以两化融合管理体系贯标为切入点，推进智能制造

【背景材料】近日，工业和信息化部公布了2018年两化融合管理体系贯标试点企业名单，慈溪市的慈兴集团有限公司、宁波速普电子有限公司、浙江长华汽车零部件有限公司3家企业入选。两化融合管理体系贯标是指贯彻国家制定的工业化与信息化融合管理体系标准，以管理体系的思路和方式推进两化融合，旨在促进企业向智能制造迈进，提升核心竞争力。截至2018年10月，慈溪市累计获得国家两化融合

管理体系贯标试点企业5家。

众所周知，制造业是国民经济的支柱产业，是立国之本、兴国之器、强国之基。没有坚实的制造业做支撑，就没有国家和民族的强盛。

从发达国家的工业化发展历程来看，工业化的发展进程需要经过机械化、电气化、自动化、信息化和智能化。由于历史的原因，尽管我国信息化已经推行多年，并且取得了很大的成就，但是，我国目前总体还处于工业化的中期。如何使用信息化手段来实现工业的跨越式发展，是一个重大的战略决策问题。为了实现工业的跨越式发展，要求在实现工业化的同时实现信息化，进行两化深度融合，在此基础上，向智能化方向发展。两化融合是制造强国建设的主线，智能制造是主攻方向。

目前，企业在两化融合建设过程中，主要存在以下五点不足。

(1) 装备设备自动化、信息化平均水平低，设计、工艺、制造、管理等知识经验沉淀不足，研发、生产、管理的信息化、智能化水平低。

(2) 流程管理的理念文化缺失，流程动态信息采集数据互联互通不足，流程的规范化和优化重组实现困难。

(3) 企业管理与信息化两张皮，旧的管理体制、思维和模式难以支撑信息化的务实推进及成效发挥。

(4) 两化融合环境下的企业创新能力不足，企业管理基础薄弱，难以从企业可持续发展的全局出发，按照战略和竞争优势的需求快速形成信息化环境下的创新能力。

(5) 从事两化融合的人才不足，尤其是具有技术和管理相结合的复合型领军人才匮乏。

为了加快企业两化融合的步伐，在企业信息化发展过程中积累的技术成果和管理经验的基础上，我国制定了国家标准GB/T 23020《工业企业信息化和工业化融合评估规范》。慈溪市这次入围的国家两化融合管理体系贯标试点的3家企业，还需要注意以下几点。

第一，入围国家两化融合管理体系贯标试点企业，既是荣誉，也是责任，入围仅仅是万里长征走完了第一步，要完成两化融合示范目标，实现智能化生产，还需要从管理理念、产品设计、产品制造、运维和用户服务等方面进一步深化。要加快推进两化融合管理体系贯标对标，力争尽快达标验收。

第二，按照智能制造的目标要求，结合企业的具体情况，统筹规划。在两化融合的基础上，加强信息化基础建设，分步实施数字化车间、数字化工厂项目，提高企业的技术和管理水平，提高市场竞争力，通过试点示范，引领行业的发展。

第三，加大两化融合人才的引进和培养，花大力气培育团队，形成稳定的梯形人才队伍，并培养复合型人才。

（评论时间：2018.10.15）

发挥专利优势，抢占市场竞争制高点

【背景材料】第二十届中国专利奖评审结果公示，宁波太极环保设备有限公司的专利“多相反应器（ZL 01126707.0）”获得中国专利优秀奖，为宁波市获奖的5项成果之一。

宁波太极环保设备有限公司以商务部的国家重点技术创新项目“废气废渣无污染综合治理技术”和生态环境部的国家重点环境保护实用技术项目“DS-二氧化硫烟气处理办法”等研究成果为依托，是专业从事脱硫、脱硝、固废综合利用、盐碱沙荒地改造、工业废水重金属处理和工业烟气治理，集科研、设计、工程、制造为一体的现代化科技型企业。

据了解，应用本次获奖的发明专利技术，可以有效地解决气、液、固三相反应时存在的废渣沉积、反应效率不高、反应器腐蚀和磨损严重等技术难题。目前，以“多相反应器”发明专利为核心技术研发的反应器设备，已在湖南、贵州、河北、内蒙古、福建、浙江等17个省、市、自治区应用，取得了良好的经济效益和社会效益。

中国专利奖是我国专利的最高奖项，由国家知识产权局与世界知识产权组织共同组织评选，每年举办一次，并得到世界知识产权组织的认可，在国际上有一定的影响力。

首先，专利属于知识产权的一部分，是一种无形财产，具有独占性、区域性、时间性等特点，不仅能用来保护知识产权，提高企业的经济效益和社会效益，而且还是企业可持续发展的动力。目前，专利已成为企业参与市场竞争的重要手段，成为企业做大做强的重要力量。

其次，专利申请可以防止专利诉讼纠纷。近年来，海外企业频频遭遇专利等知识产权的诉讼纠纷，究其原因是没有及时申请国际专利。申请国际专利是我国企业参与国际分工、在国际竞争中处于有利地位的重要手段，是企业迫切需要解决的问题。

第三，专利技术可以作为商品出售(转让)。纯技术一旦被授予专利权，就变成了工业产权，变成了国际公认的无形资产。不仅具有了价值，而且可以提高企业的知名度，对企业的发展至关重要。

最后，在实际工作中，需要注意提高专利申请的质量和有效性。专利实施是专利成果转化的重要标志，目前，专利成果转化率不高，有的企业为了申报有关项目、申报高新技术企业等，存在为专利而申请专利的倾向，不仅浪费了企业的资源，而且浪费了国家的资源，是一种短视行为，需要引起重视，并加以纠正。

（评论时间：2019.1.15）

问渠哪得清如许，为有源头活水来

【背景材料】宁波四维尔工业股份有限公司（简称四维尔公司）是一家股份制大型工业企业。自1994年创建以来，一直精心致力于汽车塑件、塑胶电镀等产品的研发、生产与销售。公司十分重视科技创新和重大技术改造项目的投入，积极引进国际上领先的技术、生产工艺和生产加工设备，实现专业化生产、集成化配套，向制造、研发、管理于一体的集团化、集约化战略目标迈进，全面参与全球市场竞争。其主导产品汽车内外装饰件、汽车标牌和塑料表面处理技术已成为中国汽车零部件低成本优势企业的标杆、中国汽车零部件领域汽车标牌制造的“领头雁”。

2018年，“四维尔公司汽车装饰件研究院”被认定为浙江省省级企业研究院，为公司技术进步和技术水平的提高、产品不断推陈出新、形成可持续发展的原动力，实现“中国制造”走向“中国创造”构建了良好的发展平台。

四维尔公司的发展，有以下几点值得借鉴。

第一，企业的发展需符合国家发展战略。浙江省省级企业研究院重点支持浙江省高新技术产业和战略性新兴产业，或重点发展的支柱产业、主导产业。四维尔公司为国家高新技术企业，其主导产品汽车内外装饰件、汽车标牌等，已成为我国汽车零部件低成本优势企业的标杆、我国汽车零部件领域汽车标牌制造的“领头雁”。

第二，企业的发展需要脚踏实地、稳步推进。申报省级企业研究院，主办企业上一年度销售收入需达到1亿元以上，研究开发费用占销售收入的比例不低于3%或达到1000万元以上，专职研发人员50人以上，相对集中研发场地1000平方米以上，科研设备原值总额1000万元以上；近3年内在其申报领域拥有自主知识产权；已拥有省级高新技术企业研究开发中心、省级企业技术中心等省级企业研发机构；已有效地整合企业内外部的各类创新资源，有相应的组织架构、资金投入、制度建设、运行机制；近3年内无环境、安全、知识产权和税务等违法行为。近3年来，四维尔公司汽车装饰件研究院完成60多个新产品、新工艺研发项目，申请专利67项，其中发明专利7项，新的科研成果全部应用到相应产品的生产中。

第三，扬长避短，有所为，有所不为。四维尔公司是国家汽车工业总公司定点的引进车型国产化配套厂商，一直与一汽大众、上海大众、上海通用、东风汽车等国内外品牌汽车的企业配套，并与这些企业同步设计汽车内饰件、外饰件、核心工艺等，做好“名配角”。

第四，瞄准国际前沿，引进消化吸收再创新。2002年以来，四维尔公司先后引进了国际上领先的生产加工检测设备和生产工艺技术，通过引进消化吸收和试验开发再创新，尤其是在环境保护、清洁生产、节能减排降耗项目中，采用美国乐思、日本丸井公司的先进技术和工艺，引进中国香港有关企业研制的全自动塑胶电镀生产线和多彩电镀线、电镀废水处理关键设备等，取得了显著的经济效益和社会效益。

第五，建立“以人为本”的运行机制，从国际化视角招揽人才。四维尔公司秉承“以人为本”的经营理念，跟踪市场最前沿的技术动态，以重金引进中国香港、美国、日本等的技术专家。四维尔公司汽车装饰件研究院现有技术人员100多名，其中中高级职称的技术人员占三分之一以上，是企业技术创新的宝贵智力资源。

（评论时间：2019.3.3）

智能制造是实现资源要素优化的有效手段

【背景材料】宁波祈禧智能科技股份有限公司自2016年初第一个自动化仓储项目投入应用以来，公司不断创新发展，尝试使用了元器件库、自动螺丝机、送料机器人等自动化、智能化设备，打通了预装、总装、包装生产线，外部通过信息共享与供应商、经销商联动，大大提高了客户交付率。此外，通过资源要素优化，针对公司仓库面积占到整体生产面积近一半的痛点，实施智能化立体仓库改造，使仓库面积减少50%，节省了3倍人力，空间提升了3倍。2018年实现产销速热饮水机60万台，销售额达2.4亿元。2019年公司原计划设定亩均产出，即“亩产”

2000 万元，通过自动化、智能化改造，撬动了“新制造”，提高了生产效率，现亩均产出已经提高到“亩产”3000 万元，经济效益进一步提高。

宁波祈禧智能科技股份有限公司通过一系列自动化、智能化技术改造，企业获得了新的增长极。实践表明，智能制造是实现企业资源要素优化的有效手段。

“亩产”论英雄，一个很重要的背景是长三角地区作为经济发达区域，面临资源要素的紧缺约束，因此必须让有限的资源实现最大程度的高效利用和产出。以宁波祈禧智能科技股份有限公司为例，如果采用买地造厂房来扩大再生产，首先土地资源有限，不一定有合适的生产用地；其次，资金投入可能要 4000 万元到 5000 万元。但是，实现同样的目标，通过自动化、智能化改造，投入仅需购置土地费用的一半，甚至三分之一、四分之一就够了，而且可以大幅度地提高生产效率和产品质量。

提高土地的使用效率和产出，也是全国的普遍趋势。如江苏省常州市构建工业企业资源集约利用“6＋X”综合评价指标体系，引导企业进行资源要素优化。其中，“6”是指亩均税收、亩均销售收入、单位能耗（电耗）增加值、单位主要污染物增加值、全员劳动生产率、研发费用占销售比重这 6 项核心指标。“X”是指研发、品牌、质量、专利、诚信等激励性要求，以及安全、排污、环保等约束性要求。其中，亩均税收是衡量工业企业经营效果最重要的参数。

智能制造是实现资源要素优化的有效手段，在实施过程中，不能一哄而起，要因地制宜，循序渐进。从 2017 年开始，宁波市经信委计划用三年的时间，通过智能制造工程服务公司对全市规上企业进行智能制造的现状诊断，提出自动化、信息化、智能化改造诊断方案，结合企业的实际情况，针对产品生产特点，对于基础条件差的企业，提出自动化改造方案；对于有一定基础的企业，给出自动化、信息化改造方案；对于基础条件好的企业，引导向数字化车间、数字化工厂方向发展，并提出解决方案。通过分步实施，最终实现宁波市“3511”产业体系和“246”产业体系的建设目标，实施制造业高质量发展。

（评论时间：2019. 3. 24）

应对危机，合作共赢，实现新增长

【背景材料】宁波喜悦包装科技股份有限公司（简称喜悦包装公司）生产的可循环塑料包装主要集中使用在上海大众、一汽大众、宝马、沃尔沃等汽车上。2018 年受国内外市场环境的影响，汽车市场销量下降，同时对产业链配套企业也产生了影响。然而，面对市场、行业的双重挑战，喜悦包装公司为客户制订了包装、物流、仓储一体化的降本计划，推广使用可循环塑料包装，整合各方面资源，以整体的降本目标挖掘市场潜力，为客户创造价值。

喜悦包装公司是一家专业从事汽车行业可循环包装研发、生产、销售的科技型企业，在不利的市场环境下，通过合作共赢，共克时艰，实现了新增长。

首先，随着全球经济的一体化，合作共赢是大势所趋。很多事情的成功在于合作，优势互补，携手共进，从而实现“1＋1 大于 2”的效果。早在 2016 年，喜悦包装公司就成立了供应链服务公司，以可循环塑料包装为新目标，为客户创造价值，使合作双方共赢商机，提振信心，共同发展。

其次，把握产业发展方向，通过合作共赢，实现从产品制造到提供服务的转变。推广使用可循环塑料包装不仅符合绿色经济发展的需求，更与汽车生产厂商的切身利益息息相关。面对市场的新变化，喜悦包装公司主动挖掘市场潜力，不再将发展目光局限于企业自身，而是转向打造与客户共同创造价值的合作模式，从客户的角度，引进美国、德国先进的技术和设备，通过自动化、智能化技术改造，为国内外汽车生产厂商提供高品质、可循环使用的物流包装器具。采用循环塑料包装替代传统的纸箱、木托盘等，使用寿命更长，节约了成本，为客户创造了价值，同时也提高了公司的核心竞争力。

第三，持续创新是企业可持续发展的源泉。喜悦包装公司作为可循环塑料包装行业的领军企业之一，已经形成了厂内零部件包装、围板箱、铁塑结合料架、托盘、顶盖等多个系列产品。通过从产品制造到提供服务转变的实践，公司探索出了一套全新的经营思路。目前，喜悦包装公司正积极开发可以360°折叠的蜂窝包装板，谋划多元化开拓市场战略，发展方向从汽车行业向家电、食品、快递等行业延伸，在绿色包装发展大趋势下，为相关行业全面普及可循环包装、实现绿色包装做好技术储备。生产一代，研发一代，谋划一代，实现企业的可持续发展。

（评论时间：2019.7.20）

智能家电需要“中国芯”

【背景材料】阿里巴巴人工智能实验室在慈溪宣布“精灵产业带”计划，天猫精灵将在慈溪小家电产业中，通过芯片、模组厂商及技术方案提供商、认证厂商等产业链上下游企业的通力合作，向慈溪小家电输送一整套的智能升级方案，从而形成“精灵产业带”，助力慈溪传统小家电转型升级，撬动千亿级智能家电市场。

毫无疑问，“精灵产业带”为慈溪传统小家电转型升级提供了良好的发展平台。

作为我国家电产业基地之一的慈溪市，拥有2000多家家电生产企业，拥有完备的制造体系，如慈溪生产的取暖器和电风扇，占中国家庭冬季取暖和夏季降温的半壁江山。以慈溪、余姚为代表的智能家电产业是宁波“246”产业集群中6个千亿级产业集群之一，为了实现这一宏伟目标，产业转型升级势在必行。产业转型升级不仅是技术的转变、生产过程的转变，同时还是管理和组织结构的调整。

首先，要提高原创研发设计能力，突破关键核心技术瓶颈，推动创新战略从跟踪模仿向引领跨越转变。芯片、模组厂商及技术方案商、认证厂商等产业链上下游企业之间的合作固然重要，但更重要的是，要提高产品的原创研发设计能力。8月4日，宁波市自动化学会将在慈溪举行智能家电控制器专委会成立仪式，届时将邀请市内集成电路设计专家就慈溪智能家电产业专用芯片研发进行研讨，探讨研发具有自主知识产权及慈溪特色的智能家电核心芯片的可行性及技术方案，使慈溪智能家电具有“中国芯”，从而把握市场竞争的主动权。

第二，以创新设计引领产业改造和转型升级。据调查，广东省在使用工业设计的企业中，90％改善了企业形象，80％开拓了新的市场，70％降低了产品成本，企业利润的40％来自设计。慈溪的工业设计人才严重不足，可以通过引进企业入驻、建立研发“飞地”等方法弥补人才的不足，通过借船出海，逐步实现自主航行。

第三，以“大企业顶天立地，小企业铺天盖地”为目标，营造可持续发展的企业生态。应切实加强体制创新、破除垄断、减税让利、放宽准入等方面的宏观环境改善，提供有效制度供给，营造公平竞争环境，特别是抓住浙江省政府成立前湾区新的契机，让中小企业如雨后春笋般地成长。

第四，以市场规则为基础，不断推进产业链的协同创新。政府要加强引导，从产业链的角度，支持重大共性关键技术的攻关，成果共享，引导互联网与产业深度融合，推进数字化车间、数字化工厂建设。通过设计、制造、管理的不断进步，使智能家电产业健康、稳定地向前发展。

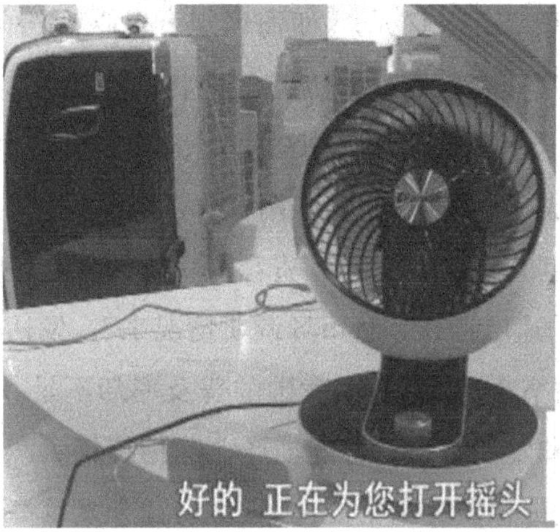

（评论时间：2019.7.28）

循序渐进，稳步推进传统锁具产业升级

【背景材料】温州市瓯海区作为“中国锁都”和“中国锁具出口基地（温州）”，拥有大大小小的制锁企业170多家，产品出口到世界160多个国家和地区。随着智能锁具的兴起，瓯海区制锁行业又迎来了发展的新机遇，制锁企业积极向高科技、高门槛的智能锁具领域转型，并呈现出爆发式增长。但是，在企业转型过程中，存在科技创新动能不足、高端人才紧缺、产业自动化水平不高、产品标准缺失等制约产业发展的瓶颈与短板。

瓯海区是温州锁具行业的发源地，锁具产品门类齐全，主要产品有传统的插芯门锁、球形门锁、自行车锁、防盗门锁芯、电子锁、IC 卡锁、汽车中控门锁、工业柜门锁以及近几年兴起的智能锁。瓯海区的锁具业逐步发展壮大，已形成完善的产业体系，涉及模具制造、锌铝压铸、铜锌型材加工、零部件生产、标准件配套、印刷、包装、物流等，区内拥有各类制锁企业 170 多家，产值占温州市锁具产业总产值的 60% 以上。2017 年实现产值 27.18 亿元，占瓯海区规上企业总产值的 5.1%，同比增长 22.58%，增速在区内六大传统产业中排名第一；完成出口交货值 10.75 亿元，增长 8.16%，增速在区内六大传统产业中排名第二。

智能锁集成了生物识别、物联网、集成电路等高科技技术，具有较高的附加值和巨大的发展空间。随着物联网的兴起，智能锁的需求每年均以 300%的速度增长。从市场调研情况来看，发达国家如日本、韩国，智能锁普及率超过 50%，而我国的普及率却不足 2%，因而拥有巨大的市场空间和发展潜力。智能锁产业除传统锁具产业链外，还涉及芯片设计制造、传感器等电子器件、软件设计开发等高新技术企业，产业带动效应明显。

经过多年的积累，瓯海区拥有通用、中立、天宇、宝得利、坚士 5 家“中国十大锁王”，美利保、好达、龙丰 3 家“中国十大锁芯王”，凯迪仕、通用、天宇、世茂科技 4 家“中国十大智能锁知名品牌”，是浙江省锁具行业最具发展潜力的区域。但是，仍存在科技创新动能不足、高端人才紧缺、产业自动化水平不高、标准缺失等产业发展的瓶颈与短板。

当今锁具行业进入了高速发展的时期，新技术、新工艺、新设备不断地被引进，传统锁具制造企业如何进行生产自动化改造，这是一项复杂的系统工程，不可能一蹴而就。对于如何提高自动化水平，笔者建议：

第一，因地制宜、因时制宜，分阶段实施。由于企业发展的不平衡，传统锁具制造企业的自动化改造，从企业的角度，要分层次开展，不可能一个模式。要充分利用大数据、物联网等新技术，因地制宜、因时制宜，分阶段实施。

对于目前自动化程度不高、基本处于机械化阶段的企业，要从机械化向自动化升级。

对于初步实现自动化生产的企业，需要用现代信息技术改造传统产业，自动化与信息化融合，如引入 ERP 等，实现管控一体化。

对于基本实现两化融合的企业，在自动化、信息化融合的基础上，进行数字化、智能化改造，建设数字化生产线、数字化车间、数字化工厂，从而具备数字化仿真设计、数字化制造等能力，实现产品数字管理（PDM）、产品全生命周期管理（PLM）、产品个性化设计、产品协同设计、远程运维服务等。

第二，点、线、面结合，分步实施。从产业的角度，在自动化向数字化、智能化发展过程中，要注意点、线、面的结合。以某具体企业为"点"，先行先试；在具体企业取得的经验的基础上，向同类企业推广，形成"线"；不同类企业、产业上下游企业协作，相互借鉴，全面实现数字化改造升级，从而形成"面"，最终实现产业自动化、智能化的全面提升。

智能锁除传统机械结构外，还集成了生物识别、物联网、集成电路等高科技技术。要建立一套规范的行业标准，弥补标准的缺失。首先，整机龙头企业要建立产品标准，规范产品功能，机械、电气、软件等接口标准，数据格式，有利于实现产品部件规模化生产，形成通力协作、分工明确的产业链。其次，要建立高水平的产品全生命周期企业标准，企业标准不仅包括整机，也包括零部件。制定的企业标准中，要包括产品设计规范、生产工艺、产品检测及售后服务规范，尤其要重视把企业的知识产权固化到产品标准中。

第三，在产业化分工协作的基础上，逐步形成产品或零部件的团体标准、行业标准、国家标准，有条件参与相关国际标准的制定，提高产品在国内外市场上的话语权。在此，笔者要特别强调“浙江制造”团体标准。“浙江制造”团体标准定位为国内领先、国际先进，基于“浙江制造”团体标准，通过第三方认证机构认证的产品可以与国际上有关认证机构互认，对企业参与国际竞争具有重要意义。

第四，培育和建立一支标准化人才队伍。

（评论时间：2019.10.26）

互联网助力企业复工复产

【背景材料】中央电视台一套《朝闻天下》栏目报道了“浙江慈溪：互联网‘隔空’协作，助力企业复工复产”的新闻，点赞慈溪市复工复产工作。

慈溪市是我国小家电的三大生产基地之一，其中，净饮水生产企业约占家电生产企业总量的10%。新冠病毒疫情发生以来，各地净饮水设备订单需求大增，净饮水生产企业是慈溪市第一批恢复生产的行业，复工率达到了95%以上。在保证安全的前提下，企业积极复工复产，防疫复产两不误。如此高的复工率，除政府、企业的精心谋划和管理外，先进的网络技术、自动化技术等高科技在复工复产中发挥了重要作用。

宁波魔凡智能科技有限公司是一家专业生产智能家用电器、电子产品的企业，疫情发生时，亟需研发一款基于物联网的新产品推向市场。由于公司的物联网研发工程师正好在疫区武汉，给研发工作带来了很大的困难。为了顺利完成新产品的开发任务，慈溪、杭州、武汉三地的研发人员大胆尝试基于互联网协同设计和调试，保证了产品研发计划的顺利完成，使产品第一时间推向市场，同时也保证了300多名员工的正常就业，经济效益和社会效益均十分明显。

宁波魔凡智能科技有限公司借助互联网实现产品协同设计和调试，助力复工复产的经验还给我们以下几点启示。

一是进一步借助互联网，提高产品全生命周期的管理水平。首先，借助互联网进行市场需求调研分析，把握产品研发的方向。其次，加大网络协同设计力度，通过头脑风暴，提高设计水平。第三，基于互联网，实现生产过程数据的互联互通，提高生产自动化和智能化水平。第四，基于互联网，实现远程运维服务，提高售后服务的效率和质量。

二是网络技术与通信技术相结合，实现在线故障诊断和维护。疫情期间，宁波市几家口罩生产企业的设备出现故障，宁波“爱心科技人”团队通过网络与企业视频交流，及时诊断设备故障产生的原因，提出解决方案，及时修复了故障，保障了防疫物资的正常生产。

三是互联网与自动化技术等结合，加大企业技术改造力度，尤其是加大自动化生产线、数字化车间、数字化工厂等的建设，用高科技破解企业用工难的问题。

四是充分发挥互联网的优势，精准排查疑似病人，如近期推出的“甬行码”“健康岗亭”等，巩固了前期防疫成果，确保了复工企业职工的安全，为复工复产保驾护航。

（评论时间：2020.3.30）

企业公共服务平台是产业集群快速发展的重要支撑

【背景材料】日前，余慈地区首家国家级认证机构总部——中慈国际认证有限公司，被列入2019年宁波市中小企业公共服务平台认定名单，从而缓解了本地中小企业以往认证经常要奔波于北、上、广等大城市，既费时又费力的困境。

中慈国际认证有限公司位于宁波杭州湾同济产业园（同济大学国家大学科技园杭州湾新区分园）内，属于宁波杭州湾新区先进制造业板块，是在同济产业园背景下运行而设立的。公司的主要业务为：质量管理体系、环境管理体系、职业健康安全管理体系认证，产品检测、技术咨询服务等。

同济产业园依托同济大学的综合优势，在杭州湾新区建设新型产业综合体，通过总部商务、科技研发、企业孵化、中试生产、商业配套等的开发和建设，实现第二、第三产业的匹配和互动。

慈溪市的中小企业众多，出口产品众多。产品要想进入国际市场，企业首先要获得相关的国际管理体系认证。为此，以往慈溪市本地的中小企业经常要奔波于北、上、广等大城市，既费时又费力且极不方便，效率低。中慈国际认证有限公司顺应了产业需求，为慈溪市产业集群的快速发展提供了重要支撑。

为了推动宁波市中小企业公共服务平台规范、有序发展，促进中小企业创新创业，2018年，宁波市经济和信息化委员会、宁波市企业服务领导小组办公室出台了《宁波市中小企业公共服务平台培育和认定管理办法》，在把握公共服务平台成长规律、总结公共服务平台工作经验的基础上，做好公共服务平台管理与精准服务相结合，推动信息咨询、技术创新、人才培训、市场拓展、管理咨询、质量管理、创业辅导、信息化应用等公共服务平台的梯队培育。中慈国际认证有限公司被列入宁波市中小企业公共服务平台认定名单，对推动宁波市中小企业公共服务平台有序发展起到了引领和示范作用。

据了解，随着中小企业认证业务领域的增加，中慈国际认证有限公司已经建立了20多位技术专家、审核员的服务团队，作为第三方认证机构，可以为慈溪市200多家企业提供多元化的认证服务。随着全球经济的一体化，越来越多的中小企业产品将要进入国际市场，参与国际竞争，为了满足中小企业不断增长的认证需求，更好地服务产业，中慈国际认证有限公司还需要有战略眼光，瞄准产业需求，未雨绸缪，提前布局。不但要在检测设备等硬件方面与时俱进、不断进行技术改造，还要从专家队伍建设方面不断创新，既要有一批稳定的专职技术队伍，还要培育一批兼职的技术团队，专、兼职队伍的知识、能力优势互补，尤其要重视技术团队的知识更新，以适应新技术快速发展的需要，不断提高企业的软实力。

（评论时间：2020.3.22）

发展数字经济，为经济及社会发展注入新动力

【背景材料】根据慈溪市统计局对2019年GDP数据的初步推算，2019年全市数字经济核心产业实现增加值109.91亿元，按可比价计算，同比增长26.2%，增速位居宁波各区、县（市）首位，数字经济核心产业增加值占GDP的5.8%，核心作用突显。

数字经济也称智能经济，是工业4.0的本质特征，是信息经济、知识经济、智慧经济的核心要素。数字经济通过不断升级的网络基础设施与智能设备等信息工具，基于互联网、物联网、大数据等高科技技术，推动经济形态由工业经济向信息经济、知识经济、智慧经济转化，降低

了社会交易成本，提高了资源配置效率及产品、企业、产业附加值，推动了社会生产力的快速发展。随着新一轮科技革命和产业变革的不断深入，全球范围内数字经济浪潮势不可挡。

2018年4月，浙江省政府召开全省数字经济发展大会，省长袁家军强调：实施数字经济“一号工程”是省委、省政府推动高质量发展、提高竞争力、迈向现代化、实现“两个高水平”的重大战略决策。以“数字产业化、产业数字化”为主线，全面实施数字经济“一号工程”，持续加力推进数字经济发展，争创国家数字经济示范省，抢占高质量发展制高点，确保实现五年倍增目标。

结合慈溪市的实际，发展数字经济，重点要在以下方面进行突破。

第一，加大“高、精、尖、缺”人才培养和引进力度，在自动化、物联网、大数据、网络安全等重点领域，突破一批关键核心技术。除要加大“上林英才”等高端人才引进和考核力度外，还要注重在杭州、上海等人才集聚的地区建立研发“飞地”，弥补慈溪区位优势的不足。特别要重视现有人才的培养，搞活存量，扩大增量，形成层次合理的人才链。

第二，抓住杭州湾大湾区建设的契机，着力培育一批主导数字产业、骨干数字企业和数字产业平台。根据经济普查数据显示，从行业现状来看，工业是慈溪数字经济核心产业的支柱，因此，慈溪在稳定工业数字经济发展的基础上，加大宁波兴瑞电子科技股份有限公司、公牛集团数码事业部等高速增长企业发展的步伐，培育一批新的数字经济企业上规模。

第三，在实施宁波市“3511”产业体系建设成果的基础上，总结经验，推广应用。要加大企业自动化、信息化、智能化建设力度，扩大“数字化(智能化)车间”“智能工厂”等建设规模，提高产业的整体技术水平。同时，还要加大服务业、农业的数字化转型。

第四，提升电商服务水平。慈溪市的电子商务有较好的基础，既有公共电商平台，也有企业个性化电商平台，需要扩大电商的优势，加大跨境电商、新零售、智慧物流等创新发展。

第五，加快推进政府数字化转型。结合防疫期间政府数字化工作取得的经验，构建包容审慎的监管体系，加强标准体系和安全保障体系的建设，打造数字经济发展的最优环境。

（评论时间：2020. 3. 31）

科技助力新农村建设

【背景材料】西兰花良种培育是国家立项的重大科研攻关项目。慈溪市周巷镇红杰果蔬农场作为国家西兰花良种重大科研联合攻关组成员单位，近年来，积极示范推广项目研究成果，让优质国产西兰花品种落户慈溪。最近，红杰果蔬农场被国家西兰花良种重大科研联合攻关组授予“2019 年优秀科技示范单位”。

红杰果蔬农场原来种植的西兰花都是使用日本的种子，但是有些年份受日本种子供应的限制，品种不全，价格不断提高，西兰花种植受制于人。2019 年，红杰果蔬农场示范种植攻关组培育的 13 个西兰花品种，有几个品种的表现非常出色，从球形、颜色、产量等方面都可以跟国外的西兰花品种相媲美。通过示范推广，目前，慈溪市西兰花种植面积近 5 万亩，其中有近万亩种植了攻关组培育的西兰花良种。

以“富民、惠民”为核心的社会主义新农村建设，必须依靠科技创新，加大科技创新投入力度。对共性关键技术，如西兰花良种培育，国家支持进行联合攻关，从而拥有自主知识产权的核心技术，并掌握市场竞争的主动权，是行之有效的方法，值得推广。

农业科技攻关，要充分利用现代信息技术、生物技术的研究成果，走多学科协同、产学研结合的道路，充分调动科研院所、大专院校、涉农企业、科技中介等各方面的积极性和创造性。坚持技术综合示范，发挥科技对发展生产、提高生活、改善生态等的全面引领和支撑作用，加强技术集成应用，提升创新服务能力，形成多种科技活动整体推动示范的格局。

科技示范的重点在农村，要完善科技示范县、科技示范乡镇、科技示范村和科技示范户四级示范基地组成的示范网络。通过宣传示范基地依靠科技取得的成就，引导基地周围的县、乡、村和农户学习，形成依靠科技建设新农村的辐射群体。

发展现代农业、提高产业综合生产能力，需统筹考虑农村生产发展、农民生活质量提高、农村生态和生活环境改善，其中关键是人才，需要形成完整的从高级、中级到初级的人才链，既重视科技人才的培育，更重视复合型人才的培养。

（评论时间：2020.4.3）

从危机和困难中捕捉商机

【背景材料】最近，宁波爱科特环境电器有限公司（简称爱科特公司）研发的一款高端空气净化器通过中国科学院及广州微生物研究所的检测，亮相市场，尽显风采，目前已和欧美客户达成意向订单近400万美元，成为慈溪家电领域的一匹“黑马”。

爱科特公司是一家专业生产除湿机、空气净化器的企业，2020年春节以来，公司加大科技研发投入，针对新冠肺炎疫情防控的需要，研发新型空气净化器。这款产品采用特殊的滤芯，能够隔离气溶胶、PM2.5、粉尘、甲醛等，内嵌紫外线发生器，对不能过滤的细菌进行杀菌。由于紫外线发生器内嵌在空气净化器内，不会因为紫外线外泄从而对人体造成伤害。这款产品用途广泛，不仅对普通的细菌消杀有效，而且对流感等病毒具有一定的消杀功能，可以在病房、教室、会议室、健身房等对空气洁净度要求较高的场所使用。

爱科特公司成功的经验给我们以下几点启示。

第一，善于在危机和困难中捕捉商机。面对突发的新冠肺炎疫情，公司及时准确研判疫情的发展趋势，基于新冠肺炎传染途径的特点，结合企业自身优势，研发出能够隔离气溶胶等功能的新型空气净化器，产品针对性强，受到欧美客户的欢迎。正是因为企业具有敏锐的市场洞察力，面对疫情危机和困难，捕捉到商机，从而获得经济效益和社会效益的双丰收。

第二，集成创新是缩短研发周期的有效手段。爱科特公司研发的新型空气净化器，其核心部件滤芯就是借鉴外科手术盒里消杀的设备部件，结合人体工学原理，将紫外线发生器内嵌在空气净化器内，利用成熟技术实现新产品的新功能，有效地缩短了产品的研发周期。

第三，审时度势，把握市场需求趋势，瞄准技术前沿，做好产品升级换代的技术准备。爱科特公司计划到2020年8月，开发系列空气净化产品，进行产品迭代升级，研发大到生产车间、小到车厢等空间使用的空气净化产品，满足不同层次的客户需求。

（评论时间:2020.4.13）

提高企业创造力,实现高质量发展

【背景材料】最近,浙江省首次发布了创造力百强企业名单,宁波有21家企业入围,慈溪市宁波方太厨具有限公司(简称方太厨具公司)、宁波慈星股份有限公司(简称慈星股份公司)两家企业名列其中。

据悉,浙江省创造力百强企业榜单以企业持有的有效发明专利为主要考核指标,首次对创造力百强企业进行排序分析。入榜的100家企业共拥有发明专利21572件,占全省企业全部有效发明专利的18.6%,引领了全省企业、产业的创新创造活动。创造力百强企业有效发明专利的入围门槛为79件。其中,百件以上的企业占66%,200件以上的企业占21%,500件以上的企业有4家。方太厨具公司以459件专利领跑电气机械和器材制造业,排名第5位;慈星股份公司以91件专利,排名第82位。

数字经济产业领域有25家企业进入创造力百强企业榜单,共拥有有效发明专利10127件,占百强企业有效发明专利总数的46.9%。其中,表现突出的数字经济细分行业有:信息传输、软件和信息技术服务行业，半导体、电子元器件行业，智能安防行业。龙头企业新华三技术有限公司以4356件有效发明专利高居榜首。

电气机械和器材制造业、汽车及汽车零部件制造业成为传统制造业创新创造的明星行业，上榜百强企业总数分居各大行业第二、三位。电气机械和器材制造业共23家企业上榜，拥有有效发明专利3445件，占比16.0%，方太厨具公司以459件领跑该行业；汽车及汽车零部件制造业共10家企业上榜，拥有有效发明专利2392件，占比11.1%，浙江吉利汽车研究院有限公司以961件领跑该行业。

拥有百强企业超过10家的地级市共4个，分别为杭州33家、宁波21家、嘉兴15家、湖州11家，共80家；拥有百强企业超过5家的县（市、区）共4个，分别为滨江区18家、鄞州区9家、海宁市7家、吴兴区6家，共40家。

以上对百强企业分布情况的分析表明，深化区域分工对行业创造力发展的推动作用明显。杭州成为数字经济产业领域创新创造的主要集中地，共有15家企业进入榜单，占该领域上榜企业的60%；宁波成为电气机械和器材制造业创新创造的主要集中地，共有7家企业上榜，占该领域上榜企业的30%；湖州成为新能源产业创新创造的主要集中地，共有4家企业上榜，占该领域上榜企业的80%；绍兴成为化工环保产业创新创造的主要集中地，共有4家企业上榜，占该领域上榜企业的50%；台州成为生命健康产业创新创造的主要集中地，共有3家企业上榜，占该领域上榜企业的75%。慈溪市方太厨具公司、慈星股份公司能够入围，尤其是方太厨具公司领跑电气机械和器材制造业，实属不易。这表明了慈溪市企业近年来在创新创造方面取得了长足的进步。

对于慈溪市进一步提高企业的创造力，建议在以下几个方面进一步深化。

首先，总结经验，发挥优势，找出差距，明确目标，争取更上一层楼。

从百强企业统计数据可以看出，深化区域分工对行业创造力发展的推动作用明显，慈溪的家电产业是优势特色产业，有很好的基础，要借鉴方太厨具公司的经验，将传统产业与现代科技相结合，如利用微电子技术、物联网技术等改造家电产业，实现家电产业的升级换代，提高企业的创造力。

其次，加快数字经济产业的发展步伐，实现弯道超车。慈溪市这几年数字经济发展较快，2019 年增速位居宁波各区、县(市)首位。除慈星股份公司的电脑针织横机优势需要进一步扩大外，还要加速“和利时慈溪智能制造国际创新产业项目”建设的步伐，尽快形成产业规模。此外，还要鼓励传统产业向数字经济产业转型，为企业的高质量发展提供新动能。

第三，扩大宁波市“3511”产业体系及“246”产业体系建设成果，助推企业创造力提升，实现高质量发展。多年来，慈溪市的技术改造热情长盛不衰，企业不断采用新产品、新技术、新材料、新工艺，提高企业的技术水平和市场竞争力。特别是最近几年，每年都有新项目入选宁波市两化融合、数字化车间、数字化工厂技术改造项目，每年都有新产品被评为浙江省或国家首台(套)产品。这些项目和产品涉及很多创新技术，建议企业要及时申报专利，同时还要将技术成果转化为标准或技术规范，固化企业创新成果，通过法律保护，形成竞争优势。

最后，利用前湾新区建设的契机，通过承接产业转移，提升企业的创造力。随着长三角经济一体化上升为国家战略，前湾新区作为长三角经济一体化的“桥头堡”，通过承接上海等发达地区的产业转移，充分发挥上林引才、上林产业园等引才引智的作用，提高区域的整体创新能力。

(评论时间：2020.4.29)

中篇
管理创新

质量是企业的生命线

【背景材料】2015 年“中国质量诚信企业”评选出炉，慈溪市的宁波远东照明有限公司、新海科技集团有限公司、宁波妈咪宝婴童用品制造有限公司 3 家企业上榜。

宁波远东照明有限公司作为中国工程照明领域的领先企业，其产品赢得了美国、加拿大、欧洲、东南亚等 30 多个国家和地区的客户的赞赏与信赖。德国的柏林大道、法国的巴黎广场都选用该企业的三防灯作为照明灯具。

新海科技集团有限公司是目前亚洲最大的打火机研发、生产基地，80%以上的产品出口到欧洲、美国、日本等 80 多个国家和地区，连续 15 年蝉联我国打火机行业销售收入和出口额第一。

宁波妈咪宝婴童用品制造有限公司是专业从事婴童用品研发、设计、制造、销售为一体的外向型企业，公司的 100 多个系列产品畅销世界 100 多个国家和地区。公司拥有齐全的材料分析、有害化学物质分析等标准测试实验室，形成了完整的产、学、研设计开发体系，参与了《儿童推车安全要求》《婴儿摇篮的安全要求》等多项国家标准的制定，从而保证了产品的高品质要求和持续创新能力。

尽管以上 3 家企业所处行业不同、产品不同，在质量诚信方面却有着共同的特征，值得我们借鉴。

第一，质量是企业的生命线。无论是照明设备，还是打火机、儿童用品，虽然各自的产品特性不同，但是必须满足客户相关方面需求的特性是一致的。如果没有质量做保障，不能满足客户的要求，即使价格再低，也不可能持续不断地占领市场，而只能是昙花一现，企业也不可能生存下去。

第二，质量诚信是一项系统工程。“质量”的含义是广义的，除产品质量外，还应包括工作质量。企业的工作质量是指同产品质量直接有关的各项工作的好坏，如经营管理工作、技术工作和售后服务工作等，是企业或部门的管理工作、技术工作和售后服务工作对保证产品质量的保障程度。毫无疑问，这 3 家企业能够被评为“质量诚信企业”，不仅反映了它们的产品质量高，而且反映了它们的管理工作、技术工作、售后服务工作等也是优秀的。

第三，产品质量必须与时俱进。随着技术的进步，客户对产品质量的要求也在不断提高。为了满足不断增长的市场需求，企业必须坚持创新驱动战略，不断研发新产品，采用新材料、新技术、新工艺提高产品质量。如新海科技集团有限公司在生产传统打火机的基础上，在国内率先研发了电子打火机；妈咪宝婴童用品制造有限公司建设了先进的实验室，创办了妈咪宝大学，提升企业的“硬件”和“软件”实力。

第四，强化标准战略，塑造特色品牌。浙江省提出了“浙江制造”战略，其重点任务之一就是构建“浙江制造”标准体系，研制形成一系列国际先进、国内一流、拥有自主知识产权的“浙江制造”产品标准，鼓励“浙江制造”品牌企业主导和参与国际、国内先进标准的制定（修订）。妈咪宝婴童用品制造有限公司已参与有关国家标准的制定，建议按照“浙江制造”标准的要求，积极创造条件，通过“浙江制造”认证，形成特色品牌。

（评论时间：2015. 10. 3）

技术标准战略是增强企业创新能力的重要手段

【背景材料】以公牛集团为主制定的《家用和类似用途插头插座》

“浙江制造”团体标准，通过了省级专家的评审，这是第一个由慈溪市企业为主制定并通过评审的“浙江制造”团体标准，标志着慈溪市在全省“浙江制造”品牌建设工作中“抢跑”。

公牛集团是一家致力于以创新科技、智能产品、优质服务为消费者提供全方位电源连接解决方案的电工集团。公牛集团作为电源连接器行业的龙头骨干企业，开展“浙江制造”标准的制定工作具有重要的引领和示范作用。

首先，技术标准战略是企业增强科技自主创新能力、提高核心竞争力、增强发展后劲的重要手段，是一个地区提高特色产业竞争力、实现产业聚集的关键，是促进地区经济发展水平、提高核心竞争力及地区软实力，加快推进新型工业化，实现经济可持续发展，建设创新型社会的重要抓手。

第二，实施技术标准战略，有助于推动我国向贸易强国发展。由于我国的技术标准大多引用国际标准，在外贸出口中受国外技术壁垒的限制日益严重，而对进口产品却几乎无技术壁垒可言。技术壁垒建立在技术创新能力的基础之上，其实质是国家之间技术实力的较量，这种较量在很多领域体现为技术标准的竞争。在经济全球化、国际竞争日益激烈的今天，技术标准是技术创新链条中的重要一环，是技术成果的规范化、标准化，是产业竞争的制高点。

第三，浙江省是制造业大省，相当一批产业和产品的市场占有率、出口规模居全国前列。但也存在核心竞争力和自主创新能力不强、知名品牌不多、质量效益不够理想等问题，亟待转型升级和创新发展。打造“浙江制造”品牌是以标准和认证为抓手，通过高标准的运用实施来引领“浙江制造”的高品质发展，对符合高标准、高品质要求的浙江产品进行“浙江制造”认证，对推动浙江省由工业大省向工业强省、制造大省向制造强省、品牌大省向品牌强省迈进具有重要作用。

第四，加强“浙江制造”高标准体系建设，坚持标准引领，以质取胜。构建“浙江制造”标准体系，实施“浙江制造”标准提升工程，逐步形成“浙江制造”高标准体系。制定“浙江制造”管理标准，统一规范“浙江制造”的创新性、先进性、带动性和责任性，形成一系列国际先进、国内一流、拥有自主知识产权的“浙江制造”产品标准。公牛集团的《家用和类似用途插头插座》“浙江制造”团体标准通过专家评审，表明公牛集团具有战略眼光，已经抢先一步。

第五，实施技术标准战略，一是要加强国际标准化总体发展动态和我国标准化发展战略研究，研究建立既符合 WTO（世界贸易组织）规则，又能保护我国利益的国家技术标准体系；二是要增加技术标准研究投入，并把建立技术标准作为企业重要的发展目标；三是要积极参与国际标准的制定及相关活动，争取在国际标准化领域获得更多的发言权。

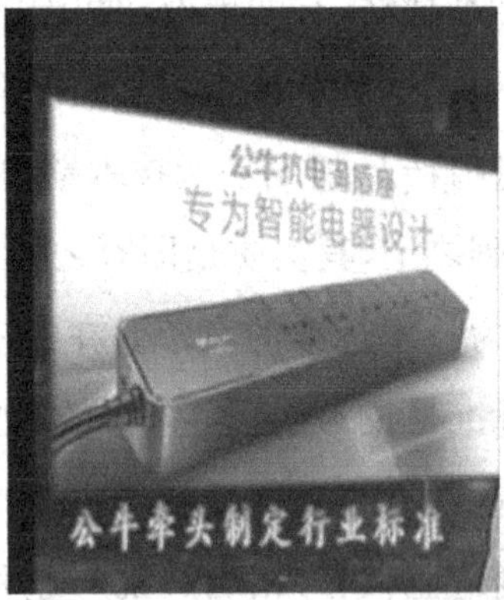

（评论时间：2015. 10. 25）

企业文化是企业软实力的标志

【背景材料】慈溪市万能电子有限公司（简称万能公司）是一家从

事移动式插座、电线、插头、定时器及智能自动化控制器的研发、制造、销售、服务于一体的小微企业，凭借合理的企业文化建设和精益化管理，在全球经济不景气的大背景下，迸发出良好的发展势头，逐步实现了“弯道超车”的发展战略目标。

企业文化是企业全体员工在创业和发展过程中培育形成并共同遵守的最高目标、价值标准、基本信念和行为规范的总和。优秀的企业文化能够营造良好的企业环境，提高员工的文化素养和道德水准，对内能形成凝聚力、向心力和约束力，形成企业发展不可或缺的精神力量和道德规范，使企业物尽其用，人尽其才，资源得到合理的配置，从而提高企业的竞争力。可以说，企业文化是企业软实力强弱的重要标志。

万能公司在企业文化建设中有以下 3 个方面值得我们借鉴。

第一，突破利益分配格局，让员工分享企业发展的红利。万能公司 2014 年成立了 7 个降本课题小组，通过自行选择课题，帮助企业节约成本，并将降本金额的 80％奖励给降本课题小组。实施的 17 个降本课题，累计发放给员工的奖励金额达 80 万元。通过突破利益分配上的格局，激发了员工的创造力，让员工实实在在地从物质、精神上都有收获。

第二，企业文化建设是一个渐进过程，员工培训至关重要。万能公司在企业文化建设中，重点提出了企业的精益化管理。为此，公司不仅成立了专门的办公室，还从国外优秀企业聘请专家，结合企业实际，制定了有关制度、流程。在企业内部开办“慈达”梦想学府，让管理团队为员工开展各种培训，通过智慧开发、技能提升和职业化培训，让员工在企业升级发展中增强信心，打造和谐企业。

第三，企业文化建设要以项目为驱动，通过项目的示范与推广，以点带面，全面调动全体员工的积极性，变“要我做”为“我要做”，最终成为全体员工的行为共识。随着一系列精细化管理工作的到位，万能公司的员工在企业结构调整、技术改造中发挥出主角优势，使企业平稳渡过转折期。

（评论时间：2015.11.1）

发明专利是衡量企业技术创新能力的重要标志

【背景材料】宁波市周巷镇的宁波帕沃尔精密液压机械有限公司（简称帕沃尔公司）是一家只有40多名员工、专业生产各类液压机的小企业，3年内拥有了20多项国家发明专利，令同行刮目相看。

帕沃尔公司创新的经验可以归结为以下4点。

第一，瞄准国家需求，追踪国际技术前沿。帕沃尔公司研发的用于航空、航天、汽车零部件的内高压成形液压机，使以前采用多道工序、多套模具优化为一道工序、一套模具来制造零部件，生产成本大幅度降低，产生效率大大提高。此设备以前需要从德国、韩国、日本进口，每台需要2000多万元，公司瞄准国家需求，通过技术攻关，使设备实现国产化，并在珠海格力、潍柴重机、中航西飞等国内知名企业使用，售价每台仅200万元。帕沃尔公司不仅改变了国内企业依赖设备进口的被动局面，而且拉低了市场价格，为国家节约了大量的外汇，在国内内高压成形液压机行业具有举足轻重的地位，企业的影响力大幅提升。

第二，小企业大发明，人才是企业之本。帕沃尔公司从2011年建厂，不惜重金纳贤才。人才是企业具有创新活力的源泉，值得我们学习借鉴。

第三，产学合作，优势互补。企业与高校各有各的优势，二者不可偏废，高校有理论优势，企业有生产和工艺优势。从样机到成品，中间还有很多工作要做，需要高校与企业密切配合，扬长避短，从而缩短从样机设计到批量生产的进程，把握抢占市场的先机。

第四，政府的引导和支持非常重要。帕沃尔公司生产的精密液压机械系列设备每年都有被列入国家、省、宁波市工业重点科技新产品，国家、省、宁波市不但给予企业资金支持，更重要的是给予企业精神鼓励，激励企业勇于创新，不断进取。

（评论时间：2015. 12. 1）

“电商换市”开启互联网经济发展新篇章

【背景材料】随着“电商换市”战略的深入实施，慈溪市加快电子商务发展步伐，实施《电子商务产业倍增计划》，积极构建产业链完善、特色鲜明、充满活力的电子商务产业体系，并以此为切入点和突破口，开启互联网经济发展新篇章，促进区域经济实现转型升级。2015 年 1 月至 10 月，电子商务和网络零售额突破 100 亿元，在全省县（市）排名第六，宁波市县（市）排名第一。

“电商换市”不是简单地“换”掉市场，它的内涵十分丰富，包括产品销售电商化、居民消费电商化及各类服务电商化，是一项复杂的系统工程。

2014 年，慈溪市政府出台了《慈溪市电子商务产业倍增计划》，确立了“2 园＋3 基地＋N 服务中心”的电子商务发展空间格局，提出了电子商务中长期发展目标。由于顶层设计合理，慈溪市的电子商务成绩斐然。

“电商换市”缩短了交易时间，简化了交易手续，促进了对外贸易的发展。正如易腾红酒总经理赵艳阳所说，如果没有互联网，在“双 11”一天销售五六万瓶红酒，这在以前线下实体店销售是不可想象的。

“电商换市”降低了创业的门槛，有利于大众创业、万众创新。达文西电子商务有限公司是一家经营户外服装、鞋帽、家居的企业，自 2013 年成立之初的 3 名员工发展到现在的 10 多名员工，每月的销售额达 30 万元。过去的实体店达到同样的销售额，如此少的员工是难以想象的。

“电商换市”要重视领军企业的引领和示范作用。崇寿镇傅家路村电子商务示范村、市产业特色与互联网相结合的项目——“慈溪家电馆”、互联网与商贸相结合的项目——“慈溪宝典”等的引领和示范，带动了慈溪市电子商务的发展，加快了电子商务发展主要指标倍增计划实现的步伐。

与时俱进，把握“电商换市”的新引擎。随着经济的发展，农村市场潜力巨大。在农村电子商务推进方面，慈溪市目前有邮政、易购吧及苏宁协作推进，全市有 102 个电子商务服务网点，电子商务的网络流通体系逐步成形。可以预见，农村将是“电商换市”的新引擎。

（评论时间：2015. 12. 9）

政府引导、企业主体、创新驱动，促进电子商务又好又快发展

【背景材料】近年来，慈溪市高度重视电子商务发展，以家电优势产业先行，完善互联网经济的基础设施建设，推动家电优势产业的互联网进程，从而带动全市其他产业发展互联网经济。2014 年获宁波市商务局、宁波市财政局颁发的电子商务示范创新奖励资金 100 万元。

电子商务是以信息网络技术为手段，以商品交换为中心的商务活动，是传统商业活动各环节的电子化、网络化、信息化。电子商务不受传统购物时间、空间等的限制，可以随时随地在网上交易。电子商务市场更广阔，在网上世界将变得很小，一个商家可以面对全球的消费者，而一个消费者可以在全球的任何一个商家购物。电子商务减少了商品流通的中间环节，节省了大量的开支，从而也大大降低了商品流通和交易的成本。电子商务更符合追求时尚、讲究个性、注重购物环境等的时代要求，因此，各级政府都大力支持电子商务的发展。

在推进电子商务的进程中，政府引导非常重要。首先是政府的税收、人才等政策导向支持，以及网络等公共基础设施的建设；其次是政府对重大共性关键技术研发、公共服务平台的支持；第三，产业扶持基金的支持，如这次慈溪市获得的 100 万元电子商务示范创新奖励资金，也可以说是政府支持的一部分。

电子商务要以企业为主体，要与优势产业紧密结合。家电产业是慈溪市的优势产业，慈溪电子商务以家电优势产业先行，以此带动其他产业发展互联网经济。如“慈溪家电馆”，目前已在全国 16 个一线平台开馆，进驻家电企业 30 多家，上架家电品牌 60 多个，覆盖大小家电产

品 SKU(Stock Keeping Unit,库存量单位)数达 500 个,2015 年零售额超过 6000 万元。另外,“慈溪宝典”目前入驻商家也达 2800 家。只有大量企业的集聚,通过集群效应,才能加快产业的发展。

电子商务需要创新驱动。不但需要技术创新、管理创新,更主要的是要有切合企业实际的运行方式,如企业对企业的电子商务(B2B)、企业对消费者的电子商务(B2C)、企业对政府的电子商务(B2G)、消费者对政府的电子商务(C2G)、消费者对消费者的电子商务(C2C)等。

(评论时间:2015.12.12)

人品、企品、产品,三品合一是创业成功的捷径

【背景材料】宁波方太厨具有限公司(简称方太厨具公司)是一家专注于高端嵌入式厨房电器、集成厨房产品研发和制造的知名企业。公司创始人茅理翔先生在 1985 年第一次创业,后遭遇危机,历经三次创业,最终化危为机。他提出建立“人品、企品、产品,三品合一”的理念,坚守高端、独特、领先企业定位,把点滴智慧汇集成创新创业的巨大力量,确保了企业健康稳定发展,成为慈溪家电界的旗帜。

“人品、企品、产品,三品合一”的寓意深刻,值得年轻创业者学习与借鉴。

首先,无论是做学问,还是办企业,人品是第一位的。当年笔者读博士的时候,导师费业泰先生就教导我,做学问首先要做人。他寄语学生“勤奋求实谦让,事业成功之路;待人真行事正,坚树高尚品德;从官廉政禁霸道,为民尽职弃乞求”,一直是我工作的座右铭。茅老和费老均强调人品,可以说是异曲同工。人品是事业成功的基础,遵守传统美

德、职业道德、职业精神,是对每位员工的起码要求。

其次,企品给大众的第一认识就是这个企业的好与坏。其实,企品具有丰富的内涵,它蕴含着企业的定位、经营理念、管理方式、企业文化、社会责任等。方太厨具公司坚守的是高端、独特、领先企业定位,毫无疑问,坚守的是创新理念,而创新是企业发展的不竭动力。方太厨具公司探索了一种独特的中西合璧的现代先进管理理念,2008 年以孔子学堂的建设为契机开始导入儒家思想文化,形成中国企业管理的新模式,即“中学明道,西学优术,中西合璧,以道驭术”,演绎出了“商道”的两个观点:一是“义利合一”,二是“以人为本”。面对错综复杂的管理问题,从中国传统文化中寻找解决问题的方法。慈溪市的很多企业也开始在这方面进行探索,如慈溪市力创软件技术有限公司每天早晨上班前要求员工诵读《弟子规》,以培育企业文化。

第三,产品是一个企业存在的最直接的见证载体。准确地说,产品是毫无生命可言的,什么样的企业管理者决定了什么样的企业,什么样的企业决定了什么样的产品。只要人品好了,企品自然会好,企业好了,产品也就完美了。所以这三者之间的关系不仅是先后排序的问题,更多的是内部因果关系的联系与整合,三品合一是创业成功的捷径。

(评论时间:2016.1.3)

要有壮士断腕的勇气推动产业转型升级

【背景材料】兆晶股份有限公司(简称兆晶公司)从 2002 年起,陆续办起了 3 家汽配企业,到 2010 年,公司资产已近亿元。但公司负责人居安思危,瞄准具有发展潜力的“非晶带材”新产品,“背水一战”，甚至把老的工厂卖掉，作为资金补充到新项目的建设中，终于在2014年11月有了收获，新项目陆续开出了3条生产线，产值达到1亿元。

兆晶公司是专业生产铁基非晶合金带材及非晶变压器铁芯、非晶电机铁芯等产品的企业。公司原来是汽配企业，2010年资产就近亿元，但由于是传统的劳动密集型企业，总经理方柏君常有一种“穷途末路”的感觉。一次偶然的机会，他听说电机制造中普遍使用的硅钢片，很有可能被非晶带材所替代。通过技术和市场分析，公司于2011年开始研发“非晶带材”新产品，到2013年投入近4亿元资金，项目却未见起色，公司不得不把老的工厂卖掉，变卖资金补充到新项目的建设中，终于在2014年11月有了收获，新项目陆续开出了3条生产线，产值达到1亿元。因为新产品的生产技术全球只有日本等少数几个国家掌握，保守估计2016年的产值有望大幅攀升到5亿元。现在公司一条生产线一个月的产值是1000万元左右，利润300万元左右，30%的利润，是公司以前生产汽配一年的利润总和。兆晶公司经历了转型的艰辛与痛苦，也尝到了成功的喜悦。其成功的经验可以归纳为以下几点。

首先，产业转型升级需要有敏锐的市场洞察力。一次偶然的机会，总经理方柏君听说电机制造硅钢片可能被“非晶带材”替代，敏锐地把握了市场发展的方向。所谓非晶态材料，是指材料内部原子排列处于无规则状态的材料。一般的金属，其内部原子排列有序，都属于晶态材料。但是，金属在熔化后，如果金属冷却过程很快，原子还来不及重新排列就被凝固住了，由此就产生了非晶态合金。非晶带材具有许多独特的性能，如优异的磁性、耐蚀性、耐磨性、高硬度、高强度、高电阻率等，在电力、电子、通信、能源、交通、环保等领域具有节能降耗、提高效率等优点，非晶带材对变压器、电机升级换代将发挥革命性的促进作用。敏锐的市场嗅觉，使公司抓住了非晶带材的研发和产业化的先机，领先一步抢占市场。

其次，引才引智，不求所有，但求所用，构建创新研发平台及团队。几年来，兆晶公司先后与中国科学院宁波材料技术与工程研究所共建“非晶　纳米晶材料工程技术中心”，与浙江大学合作建立“非晶材料与技术研发中心”，依托高校和科研院所的优势，加快高科技的新材料产业化进程。产品经中国科学院宁波材料技术与工程研究所检测，上海置信、衢州杭甬、廊坊中磁、佛山中研等业内著名企业试用，性能优良，能与进口带材相媲美。

第三，转型升级要有壮士断腕的勇气和决心。在企业转型升级过程中，传统产业的既得利益难免会受到影响，需要审时度势，要有壮士断腕的勇气和决心，有所为，有所不为，对遇到这样和那样意想不到的困难，在困难面前不要屈服，既要有持之以恒的决心，又要有克服困难的智慧。世上无难事，只要肯登攀，充满信心，凭借勇气和智慧，一定能够实现预期的目标。

（评论时间：2016.1.13）

优化服务，为大众创业保驾护航

【背景材料】慈溪市市场监督管理局通过了解企业经营状况和发展过程中存在的实际需求，帮扶指导，引导小微企业发展。从增量扩能转向调整存量、做优增量，将“个转企”由阶段性任务转向长效机制建设。2015年完成“个转企”294家，超额完成《慈溪市小微企业三年健康成长计划》年度目标。

李克强总理提出"大众创业、万众创新",以简政放权的改革为市场主体释放更大空间,让国人在创造物质财富的同时实现精神追求。为了贯彻落实《国务院关于大力推进大众创业万众创新若干政策措施的意见》有关精神,共同推进大众创业万众创新蓬勃发展,国务院同意建立由发展改革委员会牵头的推进大众创业万众创新部际联席会议制度,各省市也出台了相应政策支持创新创业,并扶持企业尽快做大做强。

慈溪市也不例外,市政府制定了《慈溪市小微企业三年健康成长计划》助推大众创业,市场监督管理局通过引导小微企业,从增量扩能转向调整存量、做优增量,将"个转企"由阶段性任务转向长效机制建设,2015年,已完成"个转企"294家,超额完成预期目标。此外,对已升级的企业开展上门回访,了解企业经营状况和发展过程中的实际需求,加强后续的帮扶指导,扶上马、送一程。

除了制定《慈溪市小微企业三年健康成长计划》,在实施过程中,为了营造宽松便捷的市场准入环境,慈溪市通过深化登记制度改革,实现各镇(街道)个体户注册窗口全覆盖,采取"五证合一"、下放"先照后证"登记权限、实行"网上注册厅"服务平台等举措,推进工商登记注册便利化。通过一系列政策引导,优化服务,为大众创业保驾护航。

为了确保"个转企"的企业健康、稳定和可持续发展,笔者建议政府在以下几方面给予关注。

第一,建立创新创业公共服务平台,走创新驱动发展道路。新"个转企"企业的研发能力相对不足,在技术、信息、大型仪器设备等方面的基础薄弱,需要政府建立技术、信息和大型仪器设备公共服务平台,为企业提供咨询和服务,搭建供需双方的"桥梁",解决两者间的对接、沟通障碍，培训企业的技术及管理人员，提升企业的自主创新能力。

第二，政府在研发投入方面给予政策倾斜。如创新创业基金、引才引智项目、技术改造项目、科技攻关项目、创新团队立项等方面给予政策倾斜。

第三，完善创业投融资机制，建立以企业为主体的多元化投融资体系。建议以政府引导、市场主导为主，发挥金融体系的支撑作用，大力发展创业担保贷款，加大减税降费力度，采取政府入股企业等措施，有效解决企业发展中的资金瓶颈问题。

（评论时间：2016.1.16）

创新是实现从“制造”向“智造”跨越的原动力

【背景材料】“十三五”期间，慈溪市加大慈溪质造、慈溪智造投入和推动力度，深化“四换三名”（腾笼换鸟、机器换人、空间换地、电商换市合称“四换”，培养名企、名品、名家简称“三名”）等工程建设，引导企业加大品牌、标准、专利、设计等方面的投入，促进传统制造理念和方式向品质化、品牌化、智能化、高端化方向转变，实现从“制造”向“智造”的跨越。

实现从“制造”向“智造”的跨越，其核心是创新，不但要有技术创新，还要有制度创新、管理创新、文化创新等。

从技术层面，中国制造转型升级要以加快新一代信息技术与制造业深度融合为主线，以智能制造为突破口和主攻方向。所谓智能制造，是指把物联网、云计算、大数据等新一代信息技术贯穿于设计、生产、管理、服务等制造活动的各个环节，具有信息深度自感知、智慧优化自决策、精准控制自执行等功能的先进制造过程、系统和模式的总称。“十三五”期间，慈溪市加快制造业服务化进程，引导优势企业的价值链从制造环节向研发、品牌营销、集成和服务等环节延伸拓展，从产品供应商向基于产品的综合服务提供商转型，瞄准智慧制造的前沿方向。

此外，随着信息技术和传统制造业融合度的增强，现代制造业的模块化趋势越来越明显。零部件的电子化，使得零部件变得更加集成化和“黑箱化”。传统的仿制手段已经失灵，逆向工程变得越来越困难，企业只有掌握产品在运行过程中的内部机理，具备“正向开发”能力，才能提高核心技术能力。因此，技术创新显得尤其重要。

从制度和管理层面，智能制造在制造业领域构建信息物理系统，将彻底改变制造业的生产组织方式和人际关系，并带来制造方式和商业模式的转变，甚至可以说是生产方式的变革或革命。政府和企业都要适应新的生产方式变革的需要，从制度设计、政策引导、管理方式等方面改革创新。慈溪市深化“四换三名”等工程建设，加快打造智能家电、汽车及关键零部件、高端机械基础件三大产业，重点聚集智能装备、新材料、生命健康等领域，推动战略性新兴产业发展壮大等举措无疑是有战略眼光的。

从文化层面，慈溪市制造业的各个企业发展不平衡，层次结构差异很大。有的企业刚刚进入自动化，有的企业已开始实施信息化，而有的甚至刚进入机械化，还属于劳动密集型企业。技术层次结构的差异，需要企业在企业定位、质量观、人才观、创新观、管理方式等企业文化方面创新，适应层次结构升级的需要，尤其是要吸收中国传统文化的精髓，古为今用、洋为中用，建设与智能制造相适应的企业文化。

（评论时间：2016.1.24）

借助“中国质造”平台，推动地方产业升级和发展

【背景材料】 自2015年下半年开展“中国质造·浙江好产品”行动试点工作以来，阿里巴巴集团根据淘宝网数据分析和各地的推荐情况，在浙江省选择了慈溪等27个条件比较成熟，参与积极性较高的块状特色产业先行先试，取得了良好的效果，受到了众多企业的欢迎。

阿里巴巴集团近年来构建的“中国质造”平台，为国产好产品从OEM（Original Equipment Manufacturer）到抱团打造自主品牌创造了一个契机，推动了企业从传统代工生产向自主品牌生产的转变，推动了产业升级和发展。

慈溪家电产业在全国114个产业带中脱颖而出，是“中国质造”G20核心产业带项目重点打造的产业带，也是全国第二个上线的产业带。“中国质造·慈溪好家电”2015年上线企业59家，线上销售额超过5500万元，在全国产业带中名列前茅。慈溪家电产业和淘宝网合作，对接了国内外颇有影响力的智能技术、工业设计、物流等众多资源，有力地推广了“慈溪好家电”品牌，给慈溪家电企业带来了明显的品牌宣传和销售促进作用。

首先，通过“中国质造”平台把关，慈溪制造甩掉了留给消费者的“低、小、散”印象。慈溪市作为中国重要的家电产业集群区，拥有一大批高性价比的好家电，入驻“中国质造·慈溪好家电”的企业需通过“中国质造”平台认证，必须要有实体制造场地，还要有为海外大品牌代工生产的经历。通过严格审核与强势营销，淘宝网力图让慈溪家电为消费者留下“高于国家制造标准”的质量和优质服务体验这两大印象。

其次，自主品牌不再“做嫁衣”。“中国质造·慈溪好家电”让不少慈溪家电企业看到了希望，推动企业从传统代工生产进行产业升级和发展自主品牌，增强了企业的信心，自主品牌产销越做越好。

第三，优势互补，政企共建和完善产业链。在慈溪市委、市政府的大力支持和市商务局、市家电服务中心的协力推动下，“慈溪家电馆”被列为慈溪创建省电子商务示范项目，优先获得专项资金扶持。慈溪市市场监督管理局不定期对入驻“中国质造”平台的产品进行抽检把关，在品牌建设上保驾护航。目前所有加入“中国质造”平台的慈溪家电，其制造标准都高于国家标准。此外，线上销售需要的电商运营、摄影美工、物流仓储、人才培训等资源，均可在“中国质造”平台找到合作伙伴，基本上形成了完整的产业链。

第四，发展自主品牌之路任重而道远，需要不懈的努力。虽然处于互联网时代，品牌传播速度和品牌推广能力远胜从前，但人们接受的速度快，遗忘的速度更快，挑剔的眼光更尖锐，这就需要企业通过创新驱动，拥有自主知识产权，不断提高产品质量，使“中国质造”的品牌越做越有名气。

（评论时间：2016.1.25）

政府搭台，企业唱戏，推动慈溪家电产业又好又快发展

【背景材料】 为了促进慈溪家电产业高质量健康发展，2016年借力阿里巴巴集团的"中国质造"平台，启动实施"中国质造·慈溪好家电"专项行动，做好家电产业的转型升级工作。按照专项行动计划，2016年争取实现"111"目标，即提升1个主导产业——家电产业，培育10个自主品牌，推动100家中小企业提质增效。

阿里巴巴集团的"中国质造"平台是国内首个专注于帮助产地制造业转型升级，为制造企业提供品牌孵化，为消费者提供高品质国货的网络交易平台。通过审核的优秀自主品牌将在淘宝网"中国质造频道"得到展示，并享受专有标志和强势营销扶持。

首先，政府的规划和引导非常重要。慈溪市启动实施"中国质造·慈溪好家电"专项行动，推动家电产业的转型升级工作，把制造能力强、产品质量好的家电企业导入"中国质造"平台。同时，通过树立一批中小企业自主品牌，引导企业重视产品质量、诚信经营和品牌形象，走出低端化、同质化的竞争模式，优化市场环境。通过政府搭台，企业唱戏，推动家电产业又好又快发展。

其次，加强产品及市场的监督和管理。既要做好"中国质造"企业遴选、标准制定及质量监督，又要加强产品质量诚信、服务诚信、市场公平竞争的约束和监督。

第三，加大电商人才培育的力度。目前，信息技术发展日新月异，技术更新速度很快，高校人才培养与企业需求脱节比较严重，需要加强高校与企业人才培养的合作，适时修订教学计划，共建大学生实习实训

基地，最大限度地解决人才培养与企业需求脱节的问题。同时，企业应结合自身的需求，加强员工的岗位培训和继续教育，及时更新知识，适应新技术的挑战。

第四，不断完善电子商务的基础条件建设，重点是企业电子商务信息化体系建设，如网络建设与运维、产品基础数据库建设等。

（评论时间：2016.3.7）

创新创业需要科技创新模式的嬗变

【背景材料】由慈溪创客空间发起成立，以创业孵化、加速为平台，天使投资为支点，创投对接为纽带，引进孵化高科技及互联网项目“创客码头”经公开招租落户文化商务区休闲广场，这是宁波地区最大的创业孵化平台。此次引进的“创客码头”项目由慈溪创客空间线上发起，以创业咖啡为载体的线下平台，将与国内知名的创投机构、众创空间、创业孵化器平台合作，实现创业对接、交流及创业孵化。

随着互联网、云计算、大数据技术的发展，传统的以技术发展为导向、科研人员为主体、实验室为载体的科技创新活动正转向以用户为中心、以社会实践为舞台、以共同创新、开放创新为特点的创新2.0模式。“众创空间”是顺应创新2.0时代用户创新、大众创新、开放创新趋势，把握互联网环境下创新创业的特点和需求，通过市场化机制、专业化服务和资本化运作构建的低成本、便利化、全要素、开放式的新型创业服务平台。

近年来，慈溪市着力打造“众创空间”主战场，创建慈溪创新创业新高地。目前已集聚电商营销孵化器（电子商务产业园、慈溪家电馆等）、创意产业孵化器（"智巢"慈溪文化创意园）、高端科技项目孵化器（宁波大数据云基地）等颇具规模的孵化器和创客空间。从面积来说，"创客码头"是宁波地区最大的创业场所，能同时容纳100多个创业项目进行孵化。

发展"众创空间"，要坚持政府引导和市场主导，充分发挥社会力量的主力军作用，充分利用国家政策、科研资源等，降低创业成本和门槛，释放蕴藏在大众创业、万众创新之中的智慧，培育新的经济增长点，打造新常态下经济发展的新引擎。发展"众创空间"，需要科技创新模式的嬗变。

一是要构建一批低成本、便利化、全要素、开放式的"众创空间"。在创客空间、创新工厂等孵化模式的基础上，大力发展市场化、专业化、集成化、网络化的"众创空间"，实现创新与创业、线上与线下、孵化与投资相结合，支持中小企业公共服务平台和服务机构建设，为小微企业成长和个人创业提供综合服务平台。

二是要加大政策扶持力度。为适应"众创空间"等新型孵化机构集中办公的特点，应简化登记手续，为创业企业的工商注册提供便利。对"众创空间"等新型孵化机构的房租、宽带接入费用和公共基础条件建设等给予适当的财政补贴。

三是要完善创业投融资机制。应发挥政府创投引导基金和财税政策的作用，对初创期科技型中小企业给予支持，培育发展天使投资；完善互联网股权众筹融资机制，发展区域性股权交易市场，鼓励金融机构开发科技融资担保、知识产权质押等产品和服务。

四是要打造良好的创新创业生态环境。应完善科技人员创业股权激励机制，鼓励科技人员和大学生创业；健全创业辅导、指导制度，举办创业训练营、创新创业大赛等活动，积极倡导敢为人先、宽容失败的创新文化，树立崇尚创新、创业致富的价值导向，大力培育企业家精神和创客文化。

（评论时间：2016.3.8）

政府引导和扶持，加快战略性新兴产业的发展

【背景材料】2015年度宁波市“810实力工程”企业名单公布，慈溪市公牛集团股份有限公司、韩电集团有限公司、宁波东旭成新材料科技有限公司等7家企业入选，涉及新材料、新能源、设计创意等领域，表明慈溪市战略性新兴产业的发展又取得了可喜的进步。

根据宁波市委、市政府《关于强化创新驱动建设工业强市的若干意见》（甬党发〔2013〕12号）和《关于加快培育和发展战略性新兴产业的若干意见》（甬党发〔2012〕147号）精神，为积极培育战略性新兴产业，促进产业转型升级，每年从新材料、新能源、新装备、新一代信息技术、节能环保、生命健康、海洋高技术、设计创意八大战略性新兴产业领域，动态选择一批具有竞争优势的“810实力工程”企业，通过引导和扶持，提升企业的核心竞争力，努力使“810实力工程”企业真正成为战略性新兴产业的排头兵、产业的带动者、转型升级的示范者。

入选“810实力工程”的企业，上年度销售收入需在该产业中居于全市前10位，其中属于八大战略性新兴产业领域的产品销售收入占全部销售收入的50%以上，且增速高于同期全市规上工业平均增速5个百分点。对列入“810实力工程”的企业，从第一次认定当年起连续三年可享受专项奖励政策，优先安排企业实施项目的水、电、通信及污水（污泥）集中处理等配套基础设施的建设，对“810实力工程”企业新建项目所需的能源消耗和环境容量指标，优先予以保障。

为了加快战略性新兴产业发展，实现产业转型升级，以下几点非常重要。

一是政府的引导与扶持。发展战略性新兴产业，实现产业转型升级需要与国家和地方中长期发展规划相一致，需要在政府的引导和扶持下，统筹规划，避免一哄而上，无序发展。

二是要以企业为主体，实施创新驱动战略。与传统产业相比，战略性新兴产业技术密集，需要企业以市场为导向，考虑国家的战略需求，通过产学研合作，提高自主创新能力，实现产品升级换代和可持续发展。

三是重视人才的引进和培养。总体来说，慈溪市战略性新兴产业方面的人才严重不足。引进人才固然重要，但更重要的是营造人才发展的环境，培养适应产业发展需求的人才梯队，真正做到能够引得来、留得住，形成能够支撑企业和产业发展的人才链。

（评论时间：2016. 3. 25）

中小企业是经济发展的生力军

【背景材料】作为推进经济发展的重要增长点，2015 年慈溪市出台了《慈溪市小微企业三年健康成长计划》。该计划以“重点扶持一批、进规上限一批、整治淘汰一批、培育发展一批”为目标，推出了“政策扶持、规范提升、创新服务”三个方面12项主要举措，全力助推小微企业健康成长，2016年一季度拉动规上工业产值增长7.2%。

为了贯彻党的十八大、十八届三中、四中全会精神，紧扣“大众创业、万众创新”主题，推动慈溪市民营经济“二次创业”，作为推进经济发展的重要增长点，2015年慈溪市出台了《慈溪市小微企业三年健康成长计划》。经过一年的实施已初见成效，2016年1至3月，全市226家2015年度“新进规”企业实现产值28.4亿元，同比增长164%，拉动规上工业产值增长7.2%，“小升规”企业成为全市经济发展的生力军。

虽然企业“小升规”，但是，还属于中小企业范畴，市场竞争优势比较脆弱。为了确保“小升规”企业健康、稳定和可持续发展，需要注意以下几点。

第一，政府的引导和政策支持。中小企业是实施“大众创业、万众创新”的重要载体，在增加就业、促进经济增长、创新科技与保障社会和谐稳定等方面具有不可替代的作用，对国民经济和社会发展具有重要的战略意义。政府要加强宏观规划管理，引导中小企业适应国家战略需求，瞄准产业方向，避免盲目投资，一哄而上，无序竞争；要建设中小企业公共服务平台，加大科技支持力度，加强财税政策支持和金融服务，优化产业环境。

第二，优化产业集群。产业集群是中小企业发展的重要组织形式和载体，对推动企业专业化分工协作、有效配置生产要素、降低创新创业成本、节约社会资源具有重要作用。企业要按照集群发展的客观规律，扬长避短，有所为，有所不为；政府要进一步简政放权、促进生产要素的自由流动，加强规划和引导，完善产业集群和各类工业园区的基础设施建设。

第三，科技引领，创新驱动。科学技术是第一生产力，中小企业的科技力量相对不足，要重视产学研合作，通过协同创新，提高企业的创新能力。

第四，企业管理需与时俱进。规上企业与小微企业相比规模扩大，需要在管理模式方面进一步规范化，以适应企业发展的需要。

第五，重视国际交流合作。中小企业在发展过程中，需要重视国际交流合作，从而拓展国际视野，实现与国际先进理念、先进技术的接轨。

（评论时间：2016.4.30）

产品设计供给侧改革是挖掘市场潜力的有效途径

【背景材料】在整体经济存在困难的大背景下，慈溪市的不少生产企业都面临来自成本等各方面的压力。宏一集团有限公司（简称宏一集团）是一家专业生产、销售电源连接器和厨房小家电的企业。宏一集团在市场理念上不断创新，转换市场理念成为企业挖掘市场潜力的一大手段。截至2016年6月底，宏一集团实现销售4.37亿元，同比增长13.19%，利润同比增长197.30%。

宏一集团是慈溪市一家专业生产、销售电源连接器和厨房小家电的企业，其中电源连接器以欧洲市场为主，厨房小家电以美国市场为主。历经20多年的发展，企业从开始阶段的产品模仿，逐步转向自主开发。通过科技攻关，实施“技术创新、科技兴厂”战略，企业的新产品开发能力逐年增强。特别是在市场理念上不断创新，通过产品设计的供给侧改革，从原来简单的设计产品，到和客户一起开发产品，企业的销售额、利润都大幅增长。

宏一集团产品设计的供给侧改革取得的成效，给了我们以下启示。

第一，转变市场理念，挖掘市场潜力。宏一集团从原来简单的设计产品，到和客户一起开发产品，减少了无效和低端供给，扩大了有效和中高端供给，增强了供给结构对需求变化的适应性和灵活性，提高了全生产要素的效率，使供给体系更好地适应需求结构的变化。

第二，技术创新、拥有自主知识产权是企业可持续发展的动力源。宏一集团的生产设备、检测仪器先进，拥有一支专业性强的研发团队，不断研发具有自主知识产权的技术，成为企业发展的源动力。如最新研发的破壁机，与国际上的大品牌相比，由于在噪声控制、破壁效果等方面略胜一筹，并具有自主知识产权，避开了国外市场的技术壁垒，赢得了市场定价的话语权。

第三，精益求精，特色发展。宏一集团最初每年生产几十款产品，而目前最多一年生产三到四款产品，通过特色凝练，做大做强，也是值得我们借鉴的。

（评论时间：2016.9.1）

管理创新，项目驱动，创新产融合作新模式

【背景材料】工业和信息化部正式公布了“国家产融合作试点城市（区）公示名单”，全国共37个市（区）入选，慈溪市成为入选城市之一，也是宁波地区唯一入选的城市。据悉，浙江省仅慈溪、义乌和桐乡3个城市入选。

2016年8月，为了实施中国制造高质量发展，提升金融服务实体经济的效率和能力，强化金融对产业的支撑作用，有效保障制造强国、网络强国战略的实施，营造产业与金融良性互动、互利共赢的生态环境，促进产业提质增效、转型升级，工业和信息化部、财政部、中国人民银行、银监会决定开展产业与金融(产融)合作试点城市工作，对试点城市未来产业的发展具有重要意义。

慈溪市作为入选的产融合作试点城市，仅仅是万里长征才走完第一步，今后的路还很长，还有更多艰巨复杂的工作要做。要实现预期的目标，笔者认为要做好以下几个方面的工作。

第一，管理创新，做好顶层设计。根据试点实施方案，慈溪市将积极开展搭建产融合作信息服务平台、创新金融产品和服务、探索各类基金合作新模式和创新财政金融有效互动模式4个方面试点。试点工作要做好顶层设计，要与宁波市及慈溪市"十三五"发展规划相衔接，特别是要与宁波市"3511"产业体系建设方案涉及慈溪市的部分内容有机衔接，创新管理机制和管理模式，优化人、财、物、信息等资源的配置，实现效益最大化。

第二，项目驱动，先行先试。要实现产融合作的预期目标，在进行顶层设计时，要遴选一批具有龙头示范带动效应的项目为抓手，力争通过3年时间的努力，通过示范建设项目的引领，基本建立慈溪市产融合作信息服务平台及产融对接机制，并有序运转，科技金融与产业链金融得到明显发展，财政资金对产融合作的引导作用明显提升，"3+3"产业体系建设成效明显，经济综合实力和可持续发展能力显著提升，成为全国产融合作先行示范区。

第三，强化过程管理。由政府有关部门牵头，成立试点城市建设管理委员会、专家指导委员会，在项目实施的过程中，对项目立项、过程监控、结题验收进行技术把关，发现问题，及时整改，变"管结果"为"管因素”。

第四，及时总结经验，形成可复制推广的运行模式。在项目实施过程中，无论是经验还是教训，需及时总结，对成功的经验推广应用，存在的不足或教训可引以为鉴。

（评论时间：2017.1.23）

居安思危，瞄准方向，确保慈溪自行车配件产业又好又快发展

【背景材料】2016年下半年以来，国内共享单车突然火爆起来，小鸣单车、小蓝单车等各类共享单车品牌如雨后春笋般出现在各大城市的街头巷尾，而且数量在不断加大。在此大环境下，自2016年12月以来，“产能倍增”在慈溪市200多家自行车配件生产企业及相关上下游产业的企业中同时上演。

自2016年12月以来，“产能倍增”在慈溪市开开车业、金洛德车业、亿圣车业、喜悦车业等200多家自行车配件生产企业及相关上下游产业的企业中同时上演。业内人士分析其原因，与当前在各大城市持续火热的共享单车是分不开的。面对企业大量的技改投入，也有人士担心这股共享单车火热之风能持续多久，会不会在这一轮热潮过后给企业的正常发展带来影响。这样的担忧是可以理解的，但是，笔者认为如果企业能从以下几个方面把握方向，可能确保慈溪自行车配件产业又好又快发展。

一是政府或行业协会要统筹规划，搭建平台，做好行业发展信息的搜集、整理和预测工作，及时为企业提供信息服务。同时，政府要

做好顶层设计，引导慈溪市自行车配件生业企业差异化发展，优势互补。

二是有关企业要密切注意整车技术发展趋势，加大配件产品的技术研发力度，紧跟市场发展趋势，研发具有自主知识产权的新产品，不断采用新技术、新材料、新工艺，提高产品的技术含量，提高产品的性价比，增强产品的市场竞争力。比如，慈溪市肯力中轴有限公司在中轴产品中增加了防盗、防锈、耐温等功能，加大企业自动化改造力度，以全新的生产工艺、产品品质实现向中高端产品的转型升级，扩大国内中高端自行车市场的占有率，提升企业的市场竞争力，将当前火爆的销售场景延续下去。

三是要加强管理，注重产品质量。特别是在当前市场火爆的情况下，不能重产量轻质量。要以优质的产品，赢得用户的口碑，才能保障市场畅销不衰。

（评论时间：2017. 3. 13）

陆海统筹规划，推动杭州湾经济发展

【背景材料】2017 年 3 月 18 日，慈溪市举行了宁波湾区经济研究院成立大会暨湾区经济发展研讨会。该研究院由宁波大学科技学院与慈溪市环杭州湾创新中心合作共建，旨在通过校地合作，深入分析研究新时期宁波湾区经济面临的挑战与对策，提供决策支撑、专家指导和信息服务，切实推动湾区经济发展。

近日，由宁波大学科技学院与慈溪市环杭州湾创新中心合作成立的宁波湾区经济研究院，旨在通过校地合作，围绕湾区经济发展问题、湾区社会和谐发展问题、湾区政策设计三个方面进行研究，构建湾区学术交流平台、资源共享平台、研究教学平台三个平台，建立湾区经济发展战略研究中心、湾区社会发展问题研究中心和湾区公共政策研究中心三个中心，更好地为地方政府决策、企业发展提供信息咨询服务，切实推动湾区经济发展，为把宁波湾区建成我国陆海统筹先行区、把宁波建成长三角对外开放的“桥头堡”献智出力。

以上海为龙头，连带杭州、宁波、绍兴、嘉兴、湖州、舟山六市的杭州湾大湾区，无论从产业基础，还是区位优势都有巨大的发展前景。科学地谋划未来发展蓝图和目标定位，对于全面提升区域综合竞争力具有重要的战略意义。

对于宁波湾区经济研究院，建议关注以下几点。

第一，从国际化的视角研究湾区社会经济可持续发展战略。国际化是湾区经济的鲜明特征，国际一流湾区如纽约湾区、旧金山湾区、东京湾区等，已成为带动全球经济发展的重要增长极和引领技术变革的“领头羊”。宁波湾区经济研究院要研究国际成功的先进经验，更要研究存在的不足和走过的弯路，洋为中用，以史为鉴，加快湾区建设的步伐。

第二，从国家发展战略研究湾区社会经济可持续发展策略。世界注目长三角，未来聚焦杭州湾。目前，宁波正实施打造国际化港口城市战略，构建“3511”产业体系，推动制造业高质量发展。发展湾区经济要符合国家发展战略需求，提供的政策建议等要符合实际，具有可操作性。通过先行先试，形成具有影响力的示范效应。

第三，建立跨学科跨专业的研究团队。湾区社会经济可持续发展是一项系统工程，涉及自然科学和社会科学的方方面面，需要各个方面的专家参与，除本土专家外，还需要邀请海内外专家加盟支持，通过引才引智，群策群力，推出高水平的研究成果，从而推动区域经济的发展。

第四，注重调查研究及政策建议的可操作性。没有调查就没有发言权。没有细致的调查研究很难出高水平的研究成果，湾区研究不能急于求成，研究人员要深入基层，发现新情况，找出新问题，提出具有可操作性的对策建议，凸显研究成果的自主创新力、地区竞争力和辐射带动力。

（评论时间：2017.3.21）

“慈溪标准”引领“慈溪制造”

【背景材料】慈溪市新海科技集团有限公司（简称新海科技集团）被确定为浙江省首批企业标准“领跑者”。2016 年，以新海科技集团为主起草的“浙江制造”标准《不可调节式气体打火机》正式发布。技术标准化让新海科技集团连续 15 年蝉联中国打火机行业销售收入和出口额第一位，世界行业排名前三强，已成为国内打火机行业当之无愧的标杆。

慈溪市累计有 33 家企业主持制订（修订）国家或行业标准等 72 项，正式发布“浙江制造”标准 5 项，培育了密封件、轴承、插头、插座、电机等一批国内一流、国际先进的制造业高端标准，助力慈溪市经济在国内、国外两个市场获得“双赢”。

随着经济全球化的快速发展，技术法规、技术标准和合格评定作为技术贸易壁垒对贸易的影响日益明显。为了保持技术垄断和竞争优势，发达国家把专利技术转化为产业标准，通过技术法规引用标准，使自愿性标准具有事实强制效力，形成技术贸易壁垒。“得标准者得天下”，这是全球制造业、国际贸易甚至是世界经济的规律，传统产业升级就是要提高标准水平，特别是标准的国际化水平，推动产业迈向中高端。

技术标准是衡量企业竞争能力的重要尺度。秦始皇最伟大的成就不是修建了长城，而是统一了度量衡；田忌赛马的智慧就是巧妙地运用了赛马规则。而对于企业来说，三流企业卖苦力，二流企业卖产品，一流企业卖标准。因此，慈溪市的企业如何在国内外市场竞争中抢占市场先机，拥有更多的话语权，需要在以下几个方面更上一层楼。

第一，加大标准研发人才培育力度，培育一批具有国际化视野、高水平的标准研发人才，选拔和推荐一批骨干力量参加国家标准化技术委员会及分委员会工作，再以此为平台进入国际标准化组织，参与或主持国际标准的制定（修订）。

其次，技术创新先行，尽可能把企业的专利技术转化为产品标准。企业的经济效益更多地取决于技术创新和自主知识产权。技术标准与专利技术越来越密不可分，技术标准逐渐成为专利技术追求的最高体现形式。

第三，通过顶层设计，制定市级标准发展战略。标准发展战略的实施在各产业之间应有所侧重，避免平均用力。要根据不同产业的技术水平、竞争能力，制定不同的标准发展战略。根据慈溪市产业特点，以智能家电、高端机械基础件、汽车及关键零部件三大优势产业为重心，筛选一批龙头骨干企业积极参与国际、国家、行业和“浙江制造”等标准的制定（修订），形成特色和优势。

最后，不断优化标准体制创新策略和国际标准竞争策略，瞄准国际标准的发展趋势，建立与国际接轨的、满足慈溪市发展需要的新型标准体制和相应的机制。创立自愿性标准体制，使技术标准来源于市场，龙头骨干企业成为技术标准的主要起草者，提高标准的市场适用性；通过技术标准、技术法规、合格评定程序的有机结合，发挥组合效应，达到规范市场、促进贸易的作用；通过有效采用国际标准，提高我国产品和技术进入国际市场的能力；通过实质参与国际标准的制定（修订），使国际标准更多地反映我国的技术要求；通过在优势、特色领域主导制定国际标准，使国际标准充分体现我国重点领域的技术要求和经济利益，确保我国重点领域在国际竞争中的优势。

（评论时间：2017.5.10）

借船出海，加速慈溪技术创新步伐

【背景材料】“慈溪杭州飞地”在滨江 CBD 核心区揭牌，这是宁波在杭州设立的首个异地科创平台，人才工作、生活在杭州，创业贡献在慈溪。揭牌仪式上，慈溪市市长项敏表示，在新的起点上，慈溪把创新驱动作为首位战略，把发展智能经济作为主攻方向，加快推进发展方式转变与新旧动能转换，打造“创新活力之城、美丽幸福慈溪”。

为了更好地吸引高端人才来慈溪市的企业工作，最近，慈溪市政府在杭州筑巢引凤，“慈溪杭州飞地”在滨江 CBD 核心区揭牌，这是宁波在杭州设立的首个异地科创平台。“慈溪杭州飞地”承担异地研发孵化、驻地招商引智、区域经济协作三大公共服务功能，不仅可以为慈溪市的企业在大都市招引高端人才、借脑研发提供“暖巢”式服务，而且将为服务宁波、接轨上海、融入长三角探索新的渠道与路径。

其实，宁波的不少企业已在杭州、上海等地建立研发基地，比如，余姚市的浙江大丰实业股份有限公司在杭州建立研发基地，对稳定企业研发团队、加速企业技术创新发挥了重要作用。

慈溪市政府在北京、上海、杭州、深圳等人才密集的大都市，建设创新创意"飞地"的重要决策，由政府搭台，筑巢引凤，对接市内的三个转型孵化群落与四大产业基地，实施高端人才嫁接、创新要素导入、产业资源共享，顺应了企业发展的需求，对慈溪未来经济的发展具有重要意义。

首先，创新驱动人才是根本。慈溪把创新驱动作为首位战略，把发展智能经济作为主攻方向，而高端人才却严重不足。通过创新创意"飞地"，可以弥补慈溪区位优势的不足，解决高端人才的生活和工作困难，可以人在杭州、上海等地，但创业贡献在慈溪，这样有利于企业引进高端人才，特别是IT人才。

其次，按照市场规律建设创新创意"飞地"是"飞地"稳定、健康发展的保证。"慈溪杭州飞地"采用市场化运作模式，即"飞地＋孵化器＋产业基地"的协同模式，由政府搭台，企业唱戏。

再次，创新创意"飞地"要发挥好窗口、桥梁和纽带作用。北京、上海、杭州、深圳等地人才密集，对外交流活跃，知识和信息传播及时，产业链齐全，拥有一大批国内外先进企业，管理理念先进。慈溪市的企业要充分利用创新创意"飞地"的窗口作用，及时了解产业的国内外发展趋势，吸收先进的管理经验，主动拥抱知识经济时代，自觉融入智能经济孵化链、融入区域创新生态圈，通过借船出海，逐步自主航行，实现企业的跨越式发展。

(评论时间：2017.6.8)

持续创新，再创辉煌

【背景材料】宁波方太厨具有限公司(简称方太厨具公司)走持续工业设计创新之路，近日，被誉为业内"奥斯卡"之称的中国整体厨房工业设计“金勾奖”评选揭晓，方太水槽洗碗机凭借在工业设计上的杰出实力，斩获“金勾至尊奖”，在工业设计创新之路上又收获一大成果。

2015年，方太厨具公司花了3年时间研发推出了第一代水槽洗碗机，首创了智能+仿真手洗的清洗模式，集洗碗机、水槽和果蔬净化机于一体。截至2017年第一季度，方太水槽洗碗机的市场占有率已超过40%。为了满足用户更高层次的需求，目前公司正在进行第二代水槽洗碗机的研发工作。

方太厨具公司的成功经验给我们以下启示。

首先，持续创新是企业可持续发展的源泉。任何重大的技术创新都会引起一系列连续的创新。持续创新是企业创新活动和获取竞争优势的核心内容之一。企业要了解产业持续创新的模式和规律，增强对持续创新的认识，培养持续创新能力，从而获取竞争优势。

其次，持续创新是企业在市场、原材料、技术、工艺、组织等方面持续不断地进行创新的过程。企业的持续创新可归结为企业的持续管理创新、持续技术创新和持续市场创新三部分内容。

持续管理创新是企业在动态的市场环境下，通过对其内、外部资源进行持续不断地创新性整合来实现预定目标的过程。

持续技术创新是基于市场需求，或由基础研究、应用研究开始，或综合已有的科学技术，通过综合集成研究，探索满足市场需求的新产品、新工艺、新技术、新管理方法，并引入生产经营系统，实现生产力转化，再通过市场扩散，实现商业化、产业化的一系列创新过程。

持续市场创新是企业在动态的市场环境中，通过不断地引入新的市场要素或改变原有的经营要素，以求持续地开拓市场、占领新的市场，从而更好地满足市场需求的过程。

在目前企业的创新活动中，一般都重视技术持续创新，而对管理持续创新和市场持续创新的重视程度还不够。其实，技术创新离不开市场的需求，离不开有效的组织与管理，建议企业管理者引起重视。

（评论时间：2017.7.5）

以“标杆经验”带动宁波企业全面质量提升

【背景材料】2017 年 9 月 5 日，宁波市检验检疫局举办的“标杆经验进百企”暨企业质量管理能力提升高级培训班在方太厨具有限公司（简称方太厨具公司）开班。这是宁波市检验检疫局在全国第 28 个“质量月”活动期间开展的一项重要的质量提升行动，也是对接中国制造高质量发展，推进宁波市“3511”产业体系建设的重要举措。

最近，宁波市检验检疫局在方太厨具公司举办了“标杆经验进百企”暨企业质量管理能力提升高级培训班，来自宁波地区的 100 余家企业的主要负责人现场观摩学习方太厨具公司的经验，通过学习标杆企业的质量意识和质量文化，助力“宁波制造”。

首先，宁波市检验检疫局举办的这次活动，对推动宁波企业全面质量的提升有重要意义。方太厨具公司现场进行了示范交流，分享了企业质量管理的经验，结合宁波制造业高质量发展及“3511”产业体系建设，树立了“标杆经验”的引领作用，将推动宁波制造业率先迈入标准时代、质量时代和品牌时代。

其次，对企业质量要有全面的认识。一般谈到企业质量，人们马上想到的是产品质量。产品质量是企业质量的一部分，然而，企业质量还应该包括为产品质量服务的工作质量。企业的工作质量是指与产品质量直接有关的各项工作的好坏，如经营管理工作、技术工作和组织工作等，是企业或部门的各项工作对产品质量的保障程度。笔者走访过很多家中小企业，它们大多只重视产品质量，而疏忽工作质量，致使管理混乱，不能适应现代企业发展的需要，因此必须引起足够的重视。

第三，采用先进的科学技术和管理手段对提高产品质量固然重要，但是，吸收中国传统文化精华，调动员工的内在潜力，发挥员工的主观能动性更加重要。只有员工心往一处想、劲往一处使，形成合力，才能使企业质量螺旋式上升。方太厨具公司设立孔子学堂，将中国传统文化应用到企业管理，通过提高企业的工作质量来提高产品质量的成功经验，值得我们借鉴。

最后，还要说明一下，企业在质量管理方面存在的误区——认为通过 ISO9000 质量体系认证就可以万事大吉，从而忽略全面质量管理。的确，ISO9000 质量体系在许多方面反映了全面质量管理的思想，可以看作是全面质量管理的一部分。但是，两者还是有区别的。首先，两者的目标不一致。全面质量管理的目标是改变现状，目标实现后，管理活动也就结束了。下一次管理活动虽然是在上一次管理活动结果的基础上进行的，但决不是重复上次的工作，而是螺旋上升的过程。而 ISO9000 质量管理活动的目标是维持标准现状，其目标值为定值，其管理活动是重复相同的方法和作业，使实际工作结果与标准值的偏差尽量减少。其次，两者的工作的中心不同。全面质量管理以人为中心，ISO9000 质量管理以标准为中心。再次，两者的执行标准及检查方式不同。实施全面质量管理企业所制定的标准是结合其自身特点而制定的自我约束的管理体制，其检查方主要是企业的内部人员，检查方法是考核和评价。ISO9000 质量管理体系是国际质量管理体系标准，它是供世界各国共同遵守的准则，强调的是由公正的第三方对质量体系进行认证，并接受认证机构的监督和检查。所以，企业即使通过了

ISO9000质量体系认证，也要深化全面质量管理工作。

（评论时间：2017.7.17）

智能制造任重而道远

【背景材料】慈溪市经济和信息化局联合市新闻办召开新闻发布会，专题发布慈溪市出台的《关于加快培育发展智能经济的十条意见》，其中包含智能经济的规划引导、资金支持、督查推进、考核评比等方面的内容，在宁波市（县、区）中属首创。

最近，慈溪市出台了《关于加快培育发展智能经济的十条意见》，其重点和核心是实施智能经济八大工程，即“个十百千”智能示范工程、“521”智能创新平台建设工程、智能队伍素质提升工程、智能产融合作工程等。

“个十百千”智能示范工程是指组建若干个智能经济研究院，培育10家智能经济行业龙头企业，精心打造100家智能经济示范企业，有序推动1000家规上企业智能化改造。

“521”智能创新平台建设工程是指着力推进生命健康产业园、军民融合产业园、中捷（中东欧）产业园、航空产业园、新材料产业园五大专业产业园建设；推进中国科学院慈溪应用技术研究与产业化中心、中国科学院宁波工业技术研究院慈溪生物医学工程研究所两大创新平台建设；以省级特色小镇——慈溪小家电智造小镇，宁波市级特色小镇——环杭州湾创新中心息壤小镇为重点，打造一批智能经济特色小镇。

与相关工程相配套，同时安排1亿元财政专项资金用于智能经济发展，研究制定智能经济专项扶持政策，鼓励企业着力发展智能经济。

当前，以智能化为特征的第四次工业革命蓄势待发，以智能科技为代表的新技术、新产业爆发式增长，慈溪市改造、提升传统优势产业，加快发展智能经济，及时推出发展智能经济的“十条意见”，是抢抓新科技革命机遇，抢占未来发展制高点，使之建设成为长三角地区智能产业基地、宁波“3511”产业体系建设市（县、区）级发展典范的战略举措，具有前瞻性和布局引领作用。

加快慈溪市智能制造的发展步伐，还需要从以下几方面进一步完善。

第一，加强企业智能制造发展战略规划。笔者走访过很多企业，不少企业负责人只重视眼前发展，缺少长远的发展规划，对智能制造认识不足，视野不够开阔。企业负责人如果没有理想和信仰的支撑，没有工匠精神的承载，没有敢为人先的勇气，所谓智能制造，只会是山寨路边没有灵魂的孤魂野鬼。最近，宁波市及下属各县、市、区成立了不同层次的智能制造工程服务公司，由政府支持，请专家为企业问诊把脉，找出企业智能制造存在的问题，并提出建议和对策，帮助企业制定智能制造发展规划，对企业来说是难得的机遇。

第二，加强核心技术研发。目前，慈溪市的很多企业太过于重视营销，核心技术研发不足，模仿、追踪的较多，自主创新不足。纵观百年老店，哪一个不是依赖核心技术而使企业长盛不衰的。要掌握核心技术，首先是人才，其次是研发投入。要加强关键核心技术的攻关，有条件的企业还要重视产学研合作，重视基础研究和应用基础研究，努力研发具有原创性的核心技术。

第三，管理水平有待提高。很多企业技术进步了，但是其管理模式还停留在初创阶段的作坊式管理、家长式管理，分工职责不明，没有与时俱进，没有及时引进先进的管理理念和管理方法。企业和员工互不信任，企业不想对员工做出潜能的挖掘和持续的培养，热衷于人才引进，拿来就用，没有战略眼光，这需要从根本上做出改变。需要加大人才的培育力度。相对来说，慈溪市高水平的人才队伍略显不足，高等院校和科研院所较少。政府要加大人才引进力度，引导企业加大产学研合作的力度，更重要的是，培育一批能够适应“智能制造”需要的企业家、产业领军人才、企业技术骨干，提升产业员工的整体素质，提高一线工人的社会地位和收入，形成支撑制造业发展从设计到制造完整的人才链。

第四，要鼓励创新，宽容失败。鼓励创新、宽容失败的社会氛围还没有形成，政府和企业均要努力营造出这样的氛围。

（评论时间：2017.10.10）

强化服务，培育主体，积极推动企业挂牌上市

【背景材料】近年来，慈溪市高度重视企业股改上市工作，将其作为振兴实体经济、加快转型升级的重要抓手，政府通过系统性服务和配套政策支持，积极推动企业挂牌上市，参与多层次资本市场发展。目前，已有宁波中大力德智能传动股份有限公司等6家企业上市，新三板挂牌企业8家。

企业的成功上市，无疑为企业带来了新的挑战和发展机遇，带来了很大的成长空间。企业的成功上市，为企业持续发展获得了稳定、长期的融资渠道，从而形成良性的资金循环，解决企业发展所需要的资金；

提高了企业的知名度，积聚了无形资产；企业可以引进国内外的战略合作伙伴，借此来开拓市场空间，打通国际渠道，有利于企业在同行业竞争中处于优势地位。

企业通过上市筹集的充足资本，能够帮助企业在市场不景气或突发情况时及时进行业务调整或转型，不至于出现经营困难，提高了经营的安全性。企业通过上市能够实现企业资产的证券化，增强资产的流动性，股东和管理层可以通过出售部分股权等获得收益；企业的并购手段得到拓宽，通过发行股票将上市股份作为支付手段进行并购。企业通过上市可以完善公司的治理结构，建立现代企业制度，提高企业的管理水平，企业可以利用股票期权计划来实现对管理层和员工的中长期激励，为企业长远健康发展奠定制度基础。上市后，企业通过扩大生产规模，提供更多的就业机会，可以为地方经济贡献更多的税收，推动地方经济发展和社会进步。

推进企业上市，除企业自身不断自我完善外，还需要政府的培育与扶持。慈溪市按照“培育一批，改制一批，挂牌上市一批”的梯度推进战略，出台了一系列政策，对企业从上市前、上市中和上市后各个环节进行补助，大大降低了企业上市的成本，激发了企业上市的积极性。除政策扶持外，政府还积极为企业解决各类相关实际问题，消除上市申报障碍。通过多方位开展企业上市的培育、发动，全面营造了企业上市的浓厚氛围，为企业上市起到了引领和推动作用。

上市以后，企业需要履行更多的义务、承担更多的社会责任。企业的重大经营决策需要履行一定的程序，必须尊重小股东的权利；企业负有向公众充分信息披露的义务，需要更加规范企业的经营管理；企业既要关心其经济效益，更要重视其社会责任。

（评论时间：2017.10.29）

规范提升，集聚整合，优势互补，创新发展

【背景材料】小五金行业是慈溪市掌起镇工业发展的特色和基础，但普遍存在无序竞争、环境污染大等问题。为此，掌起镇在全市范围内率先开展了以小五金行业为主的“低、小、散”行业整治行动，探索出一条“打击取缔、规范提升、集聚整合”的产业改造提升之路。

小五金行业是掌起镇工业发展的特色和基础，但普遍存在无序竞争、环境污染等问题，为此，掌起镇在全市范围内率先开展行业整治行动，疏堵结合，引入“工业地产”模式，投资近1亿元建设了占地51亩、总建筑面积2.2万平方米的掌起镇五金模具创新中心。

首先，引入“工业地产”模式，将原先分散在各村的“低、小、散”五金模具企业进行集聚整合，打造掌起镇五金模具创新中心，进行统一规划，从源头上控制企业的污水排放问题，这对治理环境污染难题是非常有益的。

其次，规范提升企业管理。创新中心引导企业围绕产业发展，开展技术交流合作，对共性关键技术难题由政府出面，通过产学研合作等形式，联合攻关，成果共享。围绕产业链，引导企业合作共赢，优势互补，完善产业配套，形成整体竞争优势。

再次，加强创新中心自身建设，提高服务水平。第一，创新中心要利用自身的信息资源优势，及时为企业提供产业发展动态信息，为企业产品开发提供借鉴，避免企业盲目和无序竞争；及时为企业提供政府的政策信息，鼓励企业与地方经济发展规划基本一致，帮助企业转型升级。第二，利用创新中心，建设企业共性关键技术平台，如产品研发设计平台、检测平台等，减少小微企业的人力、物力投入。第三，利用创新

中心，为企业引才引智。创新中心可以围绕企业的共性技术和管理问题，邀请国内外有关专家来创新中心做技术咨询报告，提高企业整体的技术和管理水平，也可以针对个别企业的技术难题，通过科技大市场等形式邀请专家进行技术咨询指导，提出个性化的解决方案。

（评论时间：2018.3.18）

创出特色、打造样板、做好示范，扎实推进慈溪小家电智造小镇建设

【背景材料】慈溪市周巷镇列入浙江省第三批特色小镇创建名单，是慈溪市目前唯一的一个省级特色小镇创建项目。慈溪市市长项敏在周巷镇调研慈溪小家电智造小镇建设时强调，创出特色、打造样板、做好示范，扎实有效地加快推进特色小镇建设。

慈溪小家电智造小镇建设，对慈溪家电产业向智能化转型升级及慈溪经济发展具有重要的意义。

首先，要做好顶层设计。顶层设计的核心是要把握小家电智造小镇建设的方向，体现特色，要以智能改造为目标，做好相关改造的中长期规划，立足现有的基础，将优势发扬光大。更重要的是要与时俱进，把握技术的发展趋势，把微电子技术、网络技术、大数据技术等先进的技术与小家电有机结合，提高小家电的技术水平，实现由“制造”向“智造”的转变。

其次，要打造样板和示范工程。慈溪传统的小家电除产品需要升级换代外，还要在生产制造工艺自动化水平方面提升。随着人口红利的逐渐消失，传统的劳动密集型的生产方式必然会导致企业市场竞争力的下降。小家电企业的生产制造自动化、智能化改造是企业发展的必然趋势。小家电企业要乘宁波市“3511”产业体系和“246”产业体系建设的东风，充分利用优惠政策的红利，进行自动化和智能化改造的技术准备，比如，主动参与宁波市智能制造企业调查问诊、数字化工厂和车间技术改造方案设计。在充分的技术准备前提下，对条件好的企业，适时进行自动化和智能化改造，通过打造样板和示范工程，以点带面，提高行业整体的生产制造自动化水平，提高生产效率和市场竞争力。

第三，要加大研发经费投入和平台建设。慈溪小家电智造小镇的基础设施建设固然重要，更重要的是要加大研发经费投入，政府要从科技项目立项、科技金融担保、人才引进等方面给予支持引导，还要建设共性关键技术平台，如对于量大面广的小家电智能芯片的研发，需要发挥平台的优势，统一规划，联合攻关，协同创新，成果共享，共同拥有自主知识产权。

（评论时间：2018.3.19）

打破常规，高效服务，防疫生产两手抓

【背景材料】2020年2月11日，位于慈溪市的浙江蓝禾医疗用品

有限公司(简称蓝禾公司)取得由浙江省药品监督管理局发放的一次性使用医用口罩医疗器械注册证,这是新冠肺炎疫情发生以来,浙江省紧急启动防疫医疗器械应急审批程序后,正式下发的第一张II类医疗器械注册证,使公司每天医用口罩供应量可在现有生产基础上再增加5万只。同日,浙江三禾厨具有限公司首批经过企业摸排出的70名员工复岗,按照"防疫生产"两手抓的要求,在疫情防控的同时,为企业经济增添了"火力"。此外,2月14日,慈溪市横河镇宁波锦辉指针有限公司正式复工,为横河镇首家复工企业。

据了解,蓝禾公司在春节前向省药品监督管理局递交了医用口罩产品注册申请,如按正常流程,至少需要1年时间才能取得医疗器械注册证。但是,在了解到企业需求后,慈溪市场监督管理局多次深入企业开展政策指导和技术帮扶,积极协调对接省药品监督管理局、省医疗器械评审中心。按照浙江省关于防控新冠肺炎疫情所需医疗器械应急审批程序,蓝禾公司在不到1个月的时间内就完成了企业申请、注册检验、技术审评、行政审批程序,并正式取得了医疗器械注册证。

浙江三禾厨具有限公司是一家专业致力于中高端厨房用品研发、生产、销售、服务于一体的企业。疫情期间,政府各级防疫部门指导企业,按照订单的缓急安排员工分时、分批次复岗,并对复岗员工全力做好防疫工作。

与蓝禾公司医疗器械注册证类似,横河镇班子成员对该镇88家规上复工企业进行一对一帮扶服务,开展企业复工和疫情防控指导工作,帮助企业解决实际困难,对符合开工条件的企业尽快使其开工。

蓝禾公司医疗器械注册审批、浙江三禾厨具有限公司员工复岗和宁波锦辉指针有限公司开工审批,都有一个共同的特点,就是政府的行政管理部门打破常规,高效服务,确保疫情防控和企业发展两手抓、两不误，其管理和服务意识值得学习，并希望这一良好的工作作风继续保持下去。

（评论时间：2020. 2. 19）

科学规划，创宁波产业链抱团复工新模式

【背景材料】新机制，新模式，带来新气象。慈溪市观海卫镇创新规上企业与其配套的相关企业“同步调查摸底、同步申报审批、同步落实防控”三同步工作新机制，加快推进新冠肺炎疫情期间企业复工。截至2月15日，全镇141家规上企业申请复工率达八成；已摸排为规上企业配套的企业315家，完成现场踏勘和审批89家。这种按产业链协同审批复工的新模式科学高效。

公牛集团是慈溪市疫情防控期间第一批复工的规上企业之一。截至2月15日，首批配套的103家服务供应商中，一半以上的供应商已向当地政府申报复工，解决了公牛集团产业链配套的燃眉之急，为企业尽快恢复产能、扩大销售吃了“定心丸”。

韩电集团有限公司是区域性电冰箱制造产业的领军企业，其零部件配套非常多，如果有一个产品零部件配套不到位，整机就生产不出来，上下游供应链完备至关重要。如果整机企业复工，配套企业复工不了，意味着产业链是中断的，复工但不能复产。

针对上述情况，观海卫镇领导班子实行规上企业包干联系走访制，落实一个企业、一个专班、一个方案、一套服务的制度，全面摸排所有规上企业的复工意愿，同时将它们的配套企业列为同批次复工审批对象，确保全部规上企业全产业链复工。

浙江三国精密机电有限公司是慈溪市观海卫镇的一家日资企业。尽管企业复工生产的节奏加快，但企业在安全防控上却忙而不乱。除常规的洗手消毒、体温测量等防疫措施外，生产线上的工位之间多了几分“距离感”，必需的工作交流也尽可能保持1.2米以上距离。企业还在车间设置了二次体温检测，并设置了应急隔离区，一旦发现员工体温不正常，立即进行临时隔离，为安全防控再上一把锁。通过一系列有效措施，让海外的客户知道疫情期间中国制造是没有问题的，加大了疫情期间中国产品在国际市场的供应，扩大了出口，提高了企业的经济效益。

综合上述情况，可以归纳为以下几点。

一是要科学规划，合理安排，最大限度地提高复工效率。从产业链出发，创宁波产业链抱团复工新模式是非常科学的做法。众所周知的“木桶原理”，短板不解决，即使复工，复产也会有问题。

二是要有全局观念。即使是为整机企业配套的规下企业，只要主机厂急需，无论是为本地主机厂配套，还是为外地主机厂配套，都要帮助企业尽快复工。

三是树立市场信心，维护中国制造的品牌形象。浙江三国精密机电有限公司的做法值得我们借鉴。

（评论时间：2020.2.24）

兵马未动，粮草先行，科技助力复工复学

【背景材料】近日，慈溪市疫情防控办公室联合公安局、大数据中心、经济和信息化局等部门，推出了在复工企业设立“健康岗亭”，助力企业复工复产。与企业复工复产类似，慈溪市农村商业银行、慈溪市移

动公司为宁波大学科技学院安装了5G红外热成像测温系统，为复学做准备，助力复学。

复工复产，抓牢防疫，是最近一段时间慈溪市企业稳步有序复工的两大关键词。企业的“健康岗亭”与甬行码结合在一起，只要扫描甬行码，进行身份证上传和防疫信息填报，绿码、黄码、红码就能显示出来。如果显示为绿码，就能获得“健康岗亭”通行证。员工拥有“健康岗亭”通行证后，配合“健康岗亭”的亭长进行消毒、测量体温，一切正常之后方能进入厂区。同时，如果发现异常情况，“健康岗亭”立即发送信息给企业的管理人员和辖区民警，并及时采取紧急措施，为防疫控制、规避风险提供有力的帮助。

与复工复产一样，复学也是当前面临的一项重要工作。为了高效、精准地给每一位师生测量体温，宁波大学科技学院安装了5G红外热成像测温系统。该系统有两大特点，一是运用移动5G高速传输技术，实现快速无感测温，及时发现异常体温人员，提高应急事件的响应效率；二是通过热成像非接触测温，降低工作人员接触式测温的风险。此外，宁波大学科技学院还开展了全方位的防疫工作，实行严格的校园管控制度，对校园全面消毒等，确保复学后为广大师生提供一个安全、干净的校园环境。

俗话说得好，兵马未动，粮草先行。无论是复工复产，还是复学，前期工作必须做好，宁波大学科技学院安装热成像测温系统、采取消毒措施，严格校园管理，必将为复学后防疫工作和正常教学工作的开展奠定良好基础，可谓“磨刀不误砍柴工”。

复工复产、复学及防疫工作要两手抓，两不误。防疫是前提，提高防疫质量和工作效率，必须发挥先进科技的优势，“健康岗亭”是网络技术、大数据技术、通信技术等的有机结合，为提高防疫工作效率和保障防疫效果发挥了重要作用。

(评论时间:2020.3.3)

做好名配角,服务大产业

【背景材料】慈溪市双红线业有限公司是一家生产硅胶线的民营企业,为慈溪市近80%的家电企业提供配套产品。2018年产品销售额超1亿元。目前100余名工人已经全部到岗到位,从2月中旬复工到目前为止,公司生产的高温硅胶线销售量已超过2000多万米,公司复产驶上了"快车道"。

在疫情还比较严峻的情况下,慈溪市双红线业有限公司走在大家电企业的前头,第一时间成立了由三人组成的老员工返企联络站,每天用电话跟他们联系,同时想尽各种办法,使员工没有后顾之忧。目前100余名工人已经全部到岗到位,公司复产驶上了"快车道",为实现企业年产40万千米硅胶线的目标奠定了坚实的基础。

双红线业有限公司复工复产及发展思路给我们以下启示。

第一,凡事预则立,不预则废。双红线业有限公司为慈溪市近80%的家电企业提供配套产品,从产业链的角度,将直接影响整个家电行业的复工复产,必须将企业发展与行业发展紧密结合在一起,事先规划尤其重要。

第二,方法对路。为了复工复产,公司成立了由三人组成的老员工返企联络站,及时了解员工动态,解决员工的后顾之忧,做到待遇留人、感情留人。

第三,企业定位准确。公司生产家用电器的内部导线——硅胶线,主要满足慈溪市家电企业的需求，其产量和订单可以说是慈溪市家电行业发展的“晴雨表”。多年来，公司居安思危，不断加快产品转型升级的步伐，不断提升产品的科技含量，走“专、精、特、新”发展之路，甘当配角，做好名配角，并争取成为行业的“单打冠军”的发展思路值得借鉴。

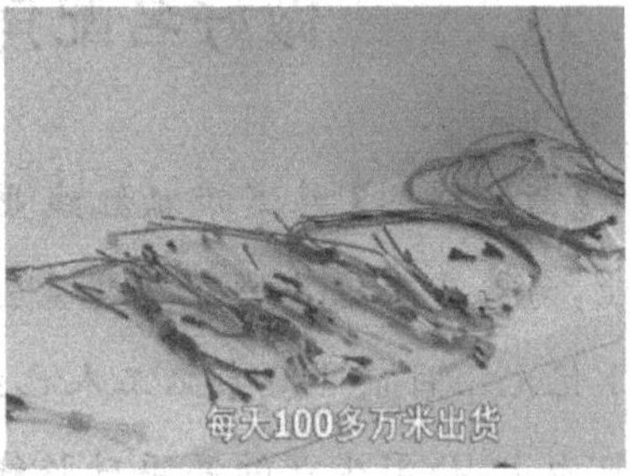

（评论时间：2020.3.16）

税务“云讲堂”助力企业复工复产

【背景材料】新冠肺炎疫情防控期间，慈溪市周巷镇税务所开设税务“云讲堂”，通过网络直播的形式向辖区企业推送疫情防控期间最新的税收优惠政策等，助力企业复工复产。

最近，周巷镇税务所又一期税务“云讲堂”开课，税务所工作人员变身“主播”，通过网络直播形式向辖区企业宣讲电子税务局常用模块操作、社保费减免等疫情防控期间最新的税收优惠政策，通过网络与企业人员进行互动，答疑解惑企业关注的涉税问题，对辖区内的防疫物资供应企业、中小微企业、高新技术企业等3000余家企业实现分类、同步政策宣讲。通过“云讲堂”，帮助企业纳税人在疫情防控期间“足不出户”了解最新的税收优惠政策，助力企业复工复产。

周巷镇税务所利用现代信息技术、网络技术及办公自动化技术等开设的"云讲堂",是为企业提供服务的一种全新的管理模式,在企业复工复产中,企业纳税人"足不出户"就可以获得政府的相关服务,对减少人员外出活动增加感染风险、舒缓群众情绪、消除社会恐慌发挥了重要作用。

此外,笔者建议周巷镇税务所总结疫情防控期间开展电子政务的经验,结合浙江省政府"最多跑一次"改革,利用信息技术,进一步改变政府的服务模式和管理方式,充分发挥电子政务的作用,加强政府与企业的联系,增强政府管理效能,促进政府服务更加便利化。

(评论时间:2020.3.24)

化危为机,慈溪医疗器械产业逆行突破、加速爆发

【背景材料】为了着力破解"一罩难求"的困局,保障市场供应,慈溪市民营企业集体行动,从浙江蓝禾医疗用品有限公司、宁波汉科医疗器械有限公司率先在节假日加班加点生产,到道林拓胜汽车零部件(宁波)有限公司、中密(宁波)新材料科技有限公司、宁波和平鸽口腔医疗器材有限公司、宁波金格奥电器有限公司、宁波市舜业医疗器材有限公司等转型抢先机,全市13家生产、新上和计划新上口罩的企业,其中有9家是转型而来的。防疫、复工复产并举,两手抓,化危为机,抢抓市场先机,慈溪市医疗器械产业逆行突破、加速爆发。

除了防护口罩,慈溪市医疗器械产业的CT机、呼吸机、防护手套、消毒液、温度计等防控物资产品的生产都在加速发展。

首先,战疫逆行突围,站在防疫阻击战"前哨"。慈溪市有关企业敏锐地抓住市场需求和产业爆发的机遇,迅速实现企业转型,激发了产业

的巨大作用和市场潜力，体现了“慈溪速度”。其成功的经验表明，今后慈溪市医疗器械产业将会有更大的突破，将在重大疾病防控、地质灾害救助、生命抢救中发挥更加重要的作用。

其次，企业要继续保持敏锐的市场洞察力。随着新冠肺炎疫情的结束，可能会出现口罩产能过剩，企业需要未雨绸缪，找准未来的发展机遇。

第三，从产业布局来说，慈溪市医疗器械产业还需要加强系统规划，优化产业布局，扬长避短，有所为，有所不为，政府和行业协会要发挥资源和信息优势，及时为企业提供决策参考，引导企业错位和差异化发展。从产业链的角度，需要加强产业薄弱环节的创新和技术进步，补齐短板，以整机企业引领和带动产业链配套企业共同进步，比如，需要完善口罩生产所必需的无纺布、熔喷布等生产企业的配套。

（评论时间：2020. 3. 25）

基建投资是稳定经济增长和保障就业的重要举措

【背景材料】最近，慈溪市召开扩大有效投资工作推进会暨“项目争速”投资攻坚专项行动动员会，市政府分别与中国铁建股份有限公司华东区域总部、远洋地产（上海）有限公司、上海寻梦信息技术有限公司、上海中南金石企业管理有限公司、中国联邦投资集团有限公司这5家企业签订相关合作协议，助推慈溪市经济高质量发展。

在统筹疫情防控和经济社会发展的双战之年，项目投资是当前慈溪市经济发展的头等大事。最近，慈溪市政府分别与国内5家企业签订相关合作协议，结合慈溪市的实际，以助推慈溪市经济高质量发展为目标，侧重于产业转型升级的新方向，走高科技含量、高附加值的发展模式。

慈溪市政府与中国铁建股份有限公司华东区域总部签订战略合作框架协议，双方将在基础设施建设和城市开发等领域建立战略合作伙伴关系，以产融结合、长期合作的投融资模式，促进供给侧改革，基于长期规划，以实现可持续发展为目标，实现政府治理模式创新。

慈溪市政府与远洋地产（上海）有限公司签订战略合作框架协议，双方将在基础设施建设和城市商业开发等领域建立战略合作伙伴关系，不是以往的房地产开发，而是按照城市职能要求，以促进区域经济发展、人与自然和谐相处为目标，提升慈溪城市品质。

上海寻梦信息技术有限公司是全球领先的互联网企业，旗下“拼多多”电商平台拥有较高的知名度。慈溪市政府与上海寻梦信息技术有限公司签订意向合作协议，双方将建立合作伙伴关系，通过慈溪优质商品上线、共建电商直播基地、深化招商和人才培养等方式，助力慈溪数字经济的发展，有利于慈溪小家电等传统产业升级。

慈溪市政府与上海中南金石企业管理有限公司签订投资意向协议。中南高科·慈溪中德产业园将落户慈溪市高新技术产业开发区，拟建设以先进装备制造、精密加工、电气电力设备、节能环保设备等产业为主导的，优先引进德国等欧美发达国家优质外资企业入驻的中德产业合作园区，体现了产业转型升级的方向，加快推进了产业高端化发展，为未来慈溪经济发展奠定了坚实基础。

慈溪市政府与中国联邦投资集团有限公司签订投资意向协议。该公司计划按照五星级酒店标准建设一家集商贸、购物、休闲、餐饮、住宿于一体的茶文化主题酒店，助推农业经济转型升级，助力慈溪市新农村建设。

基建投资历来是稳定经济增长和保障就业的重要方式。从全国范围来看，稳定经济增长和保障就业，基础设施建设仍是重点。但与传统的修建铁路、公路、桥梁、水利工程等基建相比，“新基建”则是立足于科技端的基础设施建设，它既是基建，同时又是新兴产业，其涉及的领域大多是未来发展的方向。

（评论时间：2020.4.9）

三禾厨具扩大内销逆势“突围”

【背景材料】受全球新冠肺炎疫情的影响，浙江三禾厨具有限公司一季度外贸订单同比下滑12%，但是，公司凭借多年对国内市场的关注，针对国内消费者的烹饪习惯，在材质、工艺、设计等方面及时为国内消费者量身定制锅具产品，调整产品定位和市场布局，进一步扩宽、优化内销渠道，一季度国内销售额同比增长100%，总销售额同比增长9%。

浙江三禾厨具有限公司之所以能够迅速打开国内市场，主要得益于以下几个方面。

第一，企业在不粘锅领域有多年的技术积累，厚积薄发。据了解，公司现拥有80多项专利，其中5项国外发明专利。出口转内销，并不是简单地将外销产品转入国内市场进行销售。因为欧美消费者与国内消费者的烹饪习惯不同，内销产品在材质、工艺、设计等方面必须“接地气”。为此，公司在新冠肺炎疫情期间成立了产品设计研究院，专门为国内消费者量身定制锅具产品，产品符合国内消费者的烹饪习惯，适应了市场需求。

第二，企业能够居安思危，多年来对国内市场的密切关注与提前布局。最近几年，公司在国内市场拓展方面已累计投入2亿多元，为此次转型扩大内销奠定了坚实的基础。

第三，互联网等现代信息技术为企业转型提供了良好的技术手段。新冠肺炎疫情期间，公司加大了电商平台的推广力度，利用天猫、拼多多等平台开展“带货”业务，“电商换市”成效凸显。

最后，面对全球范围内新冠肺炎疫情对经济的影响，建议企业要研究国际市场变化的新动向，把握经济全球化、贸易一体化等发展机遇，开辟更多的市场渠道，提高企业应对市场不确定性变化的能力。

（评论时间：2020.4.14）

科技型中小企业是区域创新可持续发展的生力军

【背景材料】近日，宁波市科技局公示了2020年第一批拟入库科技型中小企业名单，慈溪市的175家企业位列其中，入库数量居宁波各区、县（市）第三。

据了解，175 家入库的企业覆盖了智能装备、新材料、汽车、生命健康等领域。科技型中小企业是慈溪市创新企业梯队培育中的重要成员，是高新技术企业培育的重要主体。为了壮大慈溪市科技型中小企业的规模，使之成为高质量发展的“生力军”，还需要从以下几个方面进一步开展工作。

第一，加大科技型中小企业政策宣传力度。街道、镇工办首先要摸清当地企业的发展情况，宣传入选科技型中小企业享受研发费用税前加计扣除 75%的税收优惠及其他相关优惠政策，特别是通过科技创新活动，增强企业的科技实力，对照评价指标，瞄准企业的“痛点”，提供全流程的精准服务。

第二，帮助企业凝练科技成果，申请知识产权保护。科技型中小企业是指依托一定数量的科技人员从事科学技术研究开发活动，取得自主知识产权并将其转化为高新技术产品或服务，从而实现可持续发展的中小企业。取得自主知识产权是科技型中小企业的必备条件，目前很多企业在生产经营和研发活动中，产生了很多新产品、新技术、新工艺，但是，知识产权意识不够强，不善于总结和保护，因此需要政府有关部门和科技服务机构加以引导，帮助企业申请知识产权保护。知识产权不仅是发明专利、实用新型专利、外观设计专利，还包括植物新品种、国家级农作物品种、国家新药、国家一级中药保护品种、集成电路布图设计专有权、软件著作权等。此外，还要引导企业主持或参与国际标准、国家标准、行业标准、团体标准的制定或修订，引导企业适时组织科技成果鉴定，发表科技论文，申报各级各类科技进步奖、发明奖等，提高企业的软实力。

第三，帮助企业规范科技管理，凝练研发项目。大部分初创阶段的中小企业，科技人员少，管理基础较差。虽然企业开展的研发活动不少，但是缺少从项目立项到结题验收、成果登记等过程的规范化管理。

因此，需要政府有关部门、科技服务机构帮助和辅导初创阶段的中小企业，从起步阶段就规范科技活动的过程管理，形成企业的管理规范，一步一个脚印，最终能够顺利被评为国家高新技术企业，并拥有一定数量的研发平台，如企业工程中心等，成为国家创新体系中的有生力量。

第四，帮助企业建立一支稳定的研发团队。人才是企业发展之根本，科技型中小企业中的科技人员是指直接从事研发和相关技术创新活动，以及专门从事上述活动管理和提供直接服务的人员，包括在职、兼职和临时聘用人员（兼职、临时聘用人员全年须在企业累计工作 6 个月以上）。初创阶段，中小企业可以通过购买技术、聘请临时科技人员从事企业技术研发工作，但是，没有一支稳定的研发团队，企业走不远、做不大、做不强，很难形成具有自主知识产权的核心竞争力。因此，建立稳定的研发团队，企业必须要有长远规划，从事业留人、感情留人、待遇留人等方面多方协同，确保研发团队健康、稳定、可持续发展。

第五，帮助企业规范财务管理。很多科技型中小企业没有专职的财务管理人员，对科技研发活动没有规范归类记账，研发活动投入归类不合理，从而影响科技型中小企业的申报，影响企业享受研究开发费用税前加计扣除政策，甚至影响企业科技研发活动深层次的开展。

（评论时间：2020. 5. 3）

引“智”升级，打造服务智能制造“样板”

【背景材料】近日来，在慈溪市高新技术产业开发区，“和利时慈溪智能制造国际创新产业基地项目”正处于火热建设中。该项目自 2019 年 11 月开工建设，预计 2021 年上半年建成投产。目前，项目部通过租用临时厂房，已完成海底捞智能全流程后厨、无人药房等生活应用场景项目的研发。

和利时集团始创于1993年，是一家从事自主设计、制造与应用自动化控制系统平台和提供行业解决方案的高科技企业。和利时集团的主要业务包括过程自动化(DCS)、工厂自动化(PLC及驱动)、核电站数字化、高铁/城市轨道交通自动化等，具有系统集成国家一级资质，拥有国家级的企业技术中心。

2019年5月，和利时集团与宁波市政府签约，把和利时集团工业互联网平台的唯一全球总部放到宁波市，数字工厂操作系统及工业云平台项目落户国家高新区(宁波新材料科技城)，智能制造国际创新产业基地项目落户慈溪市。

据了解，“和利时慈溪智能制造国际创新产业基地项目”总投资8.25亿元、占地120亩，项目拟建设智能制造示范基地，主要生产和利时集团的中医药自动化生产控制系统、医疗器械生产自动化控制系统等智能装备，包括生产制造中心、产学研创新中心、培训中心和重点实验室。项目建成后，将打造成为慈溪市服务智能制造的“样板”。

和利时集团落户宁波国家高新区和慈溪市，对宁波市的智能制造、数字经济的发展具有重要意义。

首先，提高了宁波市制造业信息化和核心技术自主可控水平。智能制造的本质是信息技术与工业技术的深度融合，将助推传统产业转型升级，带来思维模式、制造模式、组织模式、商业模式的转变和创新。国内智能工厂的控制设备及软件很大一部分来源于国外企业，自主可控的技术缺失，尤其是有些国外芯片留有“后门”，从而导致我们的产业安全处于巨大的风险中。和利时集团落户宁波市，基于宁波制造业完善的产业基础和智能制造良好的前景，搭建数字工厂操作系统及工业云平台，布局PLC控制系统和产线控制器、SCADA(数据采集与监控系统)、MES(生产执行系统)等基础自动化产品和工业软件等领域,打造数字工厂的系统服务商,立足宁波、服务全国,对提升宁波制造业信息化和核心技术自主可控水平将发挥重要作用。尤其是"和利时慈溪智能制造国际创新产业基地项目",规划产业园区将建成智慧园区,把和利时集团的优势产品拿到慈溪来制造生产,智慧园区将建设成"智能控制、智慧管理、自主可控、安全可信"样板,为区域智慧产业发展提供示范。

其次,可以带动宁波市及慈溪市数字经济产业的发展。和利时集团的高铁、城市轨道、核电站的控制系统都是我国具有自主知识产权的品牌产品,"和利时慈溪智能制造国际创新产业基地项目"建成后,这些控制系统将迁移到慈溪市来生产,可进一步提升慈溪市智能装备制造业的水平,进一步优化园区的产业结构,促进产业升级,成为助推区域数字经济发展的新引擎。

第三,可以推动区域传统产业自动化、数字化、智能化技术水平的升级。"和利时慈溪智能制造国际创新产业基地项目"采用最新技术与解决方案,为区域制造业企业提供量身定制服务,帮助传统产业转型升级。目前已经与市内数家企业达成合作意向,为其提供智能化生产解决方案。随着项目的深入推进,对传统产业自动化、智能化提升具有深远意义。

第四,有利于人才集聚和高水平智能制造科技人才的培养。通过筑巢引凤,引进"和利时慈溪智能制造国际创新产业基地项目",助推产业发展,提高企业在行业的号召力,有利于人才集聚。此外,项目规划中,就考虑到注重本土人才的培养,和利时集团计划在宁波组建智能制造学院、设立智能制造专项基金,以培育更多的智能制造人才,为未来产业腾飞奠定坚实的人才基础。

(评论时间:2020.5.6)

下篇

人才培养

篇下

恭敬大人

提供优质的大学生就业实践基地是企业的社会责任

【背景材料】慈溪市人力资源和社会保障局通过优中选强，推荐知名企业竞选宁波市级大学生就业实践示范基地，推陈出新吸纳规范企业入围实践基地，采用优胜劣汰的动态考核机制，对实习软、硬件条件较好的新申报企业授予“慈溪市高校毕业生实践基地”称号，并在三年挂牌期内给予在该企业实习的大学生相关实践补贴，着力为高校大学生打造优质实习平台。

据报道，最近慈溪市太平鸟物流有限公司、慈溪市高松机械设备有限公司、慈溪市力天通信设备有限公司、慈溪市同舟建设监理咨询有限公司 4 家企业成为宁波市大学生就业实践基地候选对象，并进入最后公示阶段。多年来，人才培养与企业需求脱节问题一直没有得到很好的解决，政府引领、企业为主体，建立大学生就业实践基地无疑是行之有效的解决方案之一。人才培养与企业需求脱节涉及高校、政府、社会等诸多方面，需要研究的问题很多，其中实践教学占有十分重要的地位。实践教学可以分为课程实践、专业实践、科研训练、产业实践，贯穿于人才培养的始终，尤其是产业实践，虽然有顶岗实习、毕业实习、企业见习等一系列措施，也取得了一定的成效，但是笔者认为还存在与人才培养目标不太吻合等问题。实践教学需要讨论的问题很多，在此，仅就建立企业大学生就业实践基地谈几点感想。

第一，在企业建立大学生就业实践基地对高校的参与考虑不足。从网上资料分析，2015 年以来，慈溪市“实践基地企业共提供实(见)习岗位 1422 个，接收毕业生实践 1249 人次，并为他们发放实习补贴 23.5

万元”，没有明显看出高校在实践基地建设中发挥的作用。建议高校参与就业实践基地建设，与企业共同制订实践教学计划，确定实践指导教师，更好地将理论教学与实践教学相结合，实现人才培养的目标。

第二，提供优质的大学生就业实践基地是企业的社会责任。20世纪80年代，学校组织学生到企业实习，但随着企业的改制，民营企业接收学生实习的热情大减，甚至不愿意接收学生实习。近年来，企业接收学生实践、实习有所升温，但出发点不纯粹是人才培养，甚至有明显的功利性，与人才培养有较大的差距。人才培养是百年大计，需要全社会形成共识，而且提供优质的大学生就业实践基地也是企业的社会责任。

第三，大学生就业实践基地建设对毕业生对口就业具有引领和示范作用。公牛集团股份有限公司、宁波慈星股份有限公司、宁波横河模具股份有限公司分别入选“宁波市大学生就业实践示范基地”后，实习人数每年达到近百人，通过实习，供需双方有了较深层次的了解，提高了毕业生就业对口率。其次，人才培养具有多样性，少数几家企业不可能涵盖所有的专业，需要大学生就业实践基地建设的引领，使更多的中小企业提供实习、实践岗位，参与高校人才培养，提高人才培养质量。

第四，大学生就业实践基地建设要与高校加强互动。高校教师具有理论知识方面的优势，企业教师具有处理实际工程问题的优势，两者优势可以互补。笔者认为，在大学生就业实践基地实习、实践的学生，要重点加强综合分析工程问题能力、解决工程问题能力、工艺与标准化、企业管理基础知识及科技写作基本素质等方面的培养。

第五，大学生就业实践基地建设要加强考核，优胜劣汰。慈溪市做得非常好，建立了市、镇两级联动监督与不合格企业退出机制，对部分实践活动重视不够、实习生接收数量不达标的企业，果断予以摘牌处理，值得大家借鉴和学习。

（评论时间：2015.11.21）

新时代呼唤新型职业农民

【背景材料】越来越多的大学生毕业后进入农村进行创新创业，慈溪市横河镇因势利导，带动大学生新型农民在水稻、杨梅等优势农业方面进行扶持、引导。邱杰波是其中的成功者，通过几年努力，他从最初的种植发展到种植、生产、服务、加工一条龙，取得了较好的经济效益，逐步成长为新型的职业农民。

80后大学生邱杰波作为新型职业农民的代表，创业成为种粮大户，这对当下大学生就业有重要的示范作用。

首先，大学生择业要改变传统的观念。不要盲目地追求在大城市、大企业就业，要结合自身的特长和优势，准确定位，适合自身发展的岗位才是最佳选择。随着时代的发展，需要无数有知识、有理想、有抱负的大学生投身农业现代化的建设中。广阔天地，必定大有作为。

其次，现代农业的发展不但需要专业人才，更需要复合型人才。比如，邱杰波承包的150多亩水稻地，一年种植两季，一季小麦，一季水稻，合理地安排了种植结构，提高了土地的利用率。此外，邱杰波除进行传统的种植外，还从事生产、服务、加工一条龙，通过产业链的延伸提高经济效益。

再次，新时代呼唤新型农民。精准农业、生态农业、农村信息化等是现代农业、农村发展的方向，迫切需要大批掌握现代科技的高素质农民，呼唤越来越多的大学生进入农村进行创新创业。成立农业专业合作社、规模化种植、发展生态农业等都是大学生进行农业创新创业的选择与探索方向。

（评论时间：2015.12.10）

头脑风暴，集思广益，打造创新创业生态圈

【背景材料】近日，在慈溪市文化商务区的“人和567”众创空间，召开了以“共创‘慈溪家电＋互联网’生态圈”为主题的分享会，让之前单打独斗的企业家们聚在一起，面对家电企业存在的困难，认识自身的不足，寻找产生差距的原因，聚合资源，寻求研发、制造、营销等方面的合作，探索慈溪家电发展的新路。

“人和567”众创空间召开的以“共创‘慈溪家电＋互联网’生态圈”为主题的分享会，企业家们带着众筹的产品，与大家共享经验与教训，这是一种非常好的形式。通过头脑风暴，集思广益，对推动慈溪家电产业的升级换代和可持续发展具有重要意义。

首先，通过分享会，让之前单打独斗的企业家们聚在一起，面对家电企业转型升级的热点和难点问题，研究对策，把研发、制造、营销真正串起来，把握家电产业发展的方向，认识自身的不足，寻找产生差距的

原因，聚合资源，探索和实践慈溪家电发展的新路。

其次，通过分享会，可以让同行了解相关企业的产品优势。一方面可以让本地同行了解产品配套需求，最大限度地实现本地配套，节约生产成本。对政府来说，通过企业间配套形成产业链，增强本地区产品的竞争力，提高地方的经济实力。另一方面，通过了解本地企业的产品优势，进行优势互补，扩大自身的销售市场。比方说，客户需要吸尘器、咖啡机等组合配套供货，自身企业的产品品种、规格不全，可以在本地企业中寻求代工或配套企业，通过强强联合，开拓更加广阔的市场空间。

第三，分享会上企业家提出的一些共性问题，需要政府有关部门给予政策支持，同时为政府有关部门提供决策参考。比如，宁波泰美电器有限公司生产的类似于前段时间国人在日本"爆购"的马桶盖，其质量并不差，与国外大品牌松下等相比主要是品牌及营销能力上的差距；宁波美善美心电器有限公司的负责人表示，慈溪市并不缺工厂，研发能力也不弱，但是缺乏理念，缺乏品牌效应；洛可可宁波公司的负责人指出，在互联网时代，产品是基础，要按照客户的需求去研发产品，利用用户体验提升自己的价值。因此，笔者希望政府对慈溪市企业在品牌创建、家电实体企业和互联网企业协调发展等方面进行规划及引导。

（评论时间：2015.12.28）

"互联网+"创新人才招聘模式

【背景材料】为了更好地满足用人单位引进、储备高校毕业生的需要，慈溪市人才市场办公室开通了高校毕业生就业微信公众服务平台，通过提供"我要求职""我要招聘"等栏目，及时发布招聘信息，为广大应聘人员及招聘单位提供便利。

据报道，慈溪市2015年高校毕业生专场招聘会采用“微”招聘，搭起了“供需”之间的一座桥，90多家招聘单位提供了1626个岗位，进场应聘的1110名求职者中，近620人达成初步意向。如此高的成功率，毫无疑问得益于“微”招聘，即“互联网+”的应用。

首先，利用互联网技术提高了应聘的针对性。应聘人员可以对自身的专业条件进行分析，分析之后有针对性地进入人才市场当面交流，这样对于“供需”双方来说匹配程度提高了，不像以往招聘会那样，应聘者走马观花到各个摊位、一一询问、散发资料，从而造成时间和精力的浪费。

其次，利用互联网技术节约了大量的社会资源。第一，通过发布的招聘信息，为应聘者筛选企业岗位提供了便利，应聘者可以针对自身的专业条件进行分析，有针对性地前来当面交流应聘，来的人范围小了，降低了交通压力，节约了差旅费用。第二，由于应聘的针对性提高，应聘者有的招聘会可以不去，或者有针对性去那些可能适合自己的摊位，节省了大量的应聘时间。第三，应聘者不需要向各个摊位散发求职资料，节省了求职资料的印刷和复印成本。第四，对于应届毕业生应聘，降低了学校学生外出管理的风险，节省了管理成本；对于人才市场来说，提高了应聘成功率，管理成本也会降低。

（评论时间：2015.12.30）

人才是企业发展之本

【背景材料】慈溪市观海卫镇开展“干部服务送企业”活动，在经济发展办公室走访企业的过程中，发现企业对人才的培养、提高企业技术和管理水平等方面有比较大的需求。根据企业的实际需求，观海卫镇举办了企业信息化管理 ERP 培训等系列活动，受到了企业的欢迎。

人才是企业之本，是企业发展的第一资源。大力开发人才资源，加强高素质的人才队伍建设，打造一支技术精、业务强、善于管理的技能人才队伍，提高企业的核心竞争力，是企业又好又快发展的基础。一个企业要发展，单靠引进人才是不够的，必须要依靠自身的努力不断培养和造就人才，形成中高端技术人员引领、产业技术工人支撑的人才链，才能保障企业稳定、健康发展。

2015 年 10 月，观海卫镇开办了 2 期办公软件应用和 1 期内审员培训，有 60 多家企业近 300 名职工报名参加。2015 年 11 月 24 日晚，又举办了一场企业信息化管理 ERP 培训课，吸引了 28 家企业的 60 余名职工参加。一系列的培训活动深受企业的欢迎，对企业的发展发挥了重要作用。

从企业长远发展考虑，建议企业培训还需注意以下几点。

第一，职工培训需要与企业转型发展相适应。这方面观海卫镇做得比较好，他们计划 2016 年进一步加大培训力度，开展 16 个项目 20 多期的培训，以满足不同类型企业的发展需要。

第二，加强员工思维方式、价值观的培训。目前，培训内容单一，绝大部分培训都是现用现学的业务培训，忽视了对员工思维方式、经营理念、价值观、人生观和职业操守方面的教育和灌输。

第三，培训质量有待进一步提高。目前，培训方式单一，现有培训主要侧重于短期在岗培训，培训方法主要为教师讲授，缺乏与实践的有机结合，培训质量有待进一步提高。

第四，需要加强培训的计划性和系统性，注重培训内容之间的相互补充和协调。尤其是对于慈溪市中小企业，要做大做强的话，必须通过培训提高员工的整体素质。

第五，确保人力资本的投资。目前，大部分中小企业人力资本投资不足，职工教育经费实际投资较少，大多数职工参加工作后很少享受到专业和技能提高的追加投资。企业要重视职工教育经费的投入，确保人力资本的投资满足企业发展的需要。

第六，建立健全在岗培训制度。一是要定期对员工进行素质培训，不断提高员工的工作能力和操作水平；二是要鼓励员工自学成才，创造条件支持员工不断“充电”学习，实现企业职工培训常态化。

（评论时间：2016.1.16）

中国制造呼唤工匠精神的回归

【背景材料】慈溪市锦堂职高创新校企合作、工学结合的人才培养模式，以“技能大师工作室”为载体，推进校企产学研深度融合，使校企合作由初始的浅层次、松散型、单一型的合作形式，逐渐向深层次、多样型、综合型方向发展，探索出“企业进学校”“实训到企业”“校企合一”等多元化人才培养模式，不断提升职业学校的办学层次和办学质量，致力于培养独当一面的“大国工匠”，毕业生的就业率一直处于高位。

众所周知，我国是一个制造业大国，工人数量众多，但能被称为工匠的却屈指可数。从表面上来看，工人和工匠之间只有一字之差，而两者却有天壤之别。当前，一些贴有“中国制造”的商品在国外成为粗制滥造的代名词。此外，我国制造业虽然有较强的根基，但产品的功能、质量等与发达国家相比差距明显，往往是“设计出来了，却造不出来”。究其原因，我国制造业缺乏熟练的产业工人，企业和工人对“工匠精神”

的认识有缺失，企业急功近利，只注重效益和产出比，不追求产品性能和质量的极致；社会对技术工人存在偏见，缺乏应有的尊重和重视。实施高质量发展战略，加快从制造大国向制造强国的转变，需要呼唤“工匠精神”的回归。

首先，“工匠精神”应该成为“中国制造”的内在支撑，必须尽早、尽多地培养熟练的高素质产业工人，才能在工业人口基数减少等不利环境下守住核心竞争力，才能让“中国制造”做出更新更强的业绩，释放出更加夺目的光彩。

其次，要营造重视技术工人的社会氛围，把“工匠精神”渗透到每一个制造业工人和管理者的心灵深处，与社会各界开展互动，推动工匠精神的回归，加强培训、管理，进一步提高对职业、技能教育的重视，让全社会关注、促进“工匠精神”的传播与交流。

第三，“工匠精神”需要从学校开始培育，应用型、技能型人才的培养模式需要与时俱进。锦堂职高探索出的“企业进学校”“实训到企业”“校企合一”等多元化人才培养模式，需要因地制宜，不断深化。

第四，“校企联盟”要实现合作制度化。以“技能大师工作室”为载体，将“技能大师工作室”作为校企合作的媒介，构建校企双方相结合的技能型人才培养师资队伍。把课堂搬进企业、以企业为课堂，与企业实现“零距离”对接，校企合作，共同培养高素质的技能人才。

（评论时间：2016. 3. 24）

培育和弘扬工匠精神，提升慈溪的创造力

【背景材料】慈溪市总工会全面启动“工匠培育慈溪计划”，通过构建名师孵化、成才直通、后勤保障、政策激励等“四大体系”，打响“上林

工匠”品牌，推动形成梯次合理、素质优良、新老衔接、适应慈溪经济发展方式转变要求的技能人才队伍。

要鼓励企业开展个性化定制、柔性化生产，培育精益求精的工匠精神。

首先，工匠精神是现代工业制造的内在灵魂。两千多年前的秦国，拥有当时一流的工匠，使得秦国从战国七雄中脱颖而出，统一了华夏。当今世界工业制造强国的形成与它们对工匠精神的重视密切相关，如德国是当今世界工业强国之一，其产品以精密优良著称于世，产生了保时捷、奔驰、宝马、西门子等一大批世界知名品牌。实践表明，拥有最顶尖工匠的地方，恰恰也是拥有活力、创造力的场所。工业化虽然取代了小作坊，但工匠的基本精神没有改变。培育和弘扬工匠精神，不仅是企业发展的需要，而且是时代发展的要求。“中国制造”高质量发展战略目标的实现，企业的转型升级，很大程度上取决于能否培育形成精益求精、追求完美极致的工匠精神。

其次，培育工匠精神，需要有一系列行之有效的措施。慈溪市总工会联合有关部门组织开展了“万名技师带高徒”活动，以及通过“技能竞赛、培训与等级鉴定”等系列运作体系，引导广大职工参加技能比武，不断提升职工的专业操作技术水平，建立健全优秀技术职工评选制度，这对于培育新时期产业需求的工匠无疑是有积极意义的。此外，要积极开展校企合作，引导职业学校支持“双师型”教师到企业带徒，鼓励企事业单位高技能人才与学生师徒结对，探索建立“招工即招生、入厂即入校、校企双师联合培养”的新型学徒制度。

第三，要营造尊重工匠的社会氛围。要加大应用型高校的转型，加大应用型人才培养模式的改革，改变高等学校毕业生的质量观、就业观，从源头上提高职工素质，造就新一代优秀工匠。要坚持“不唯学历唯能力”，完善吸引更多技艺精湛的优秀高技能人才到技工院校及应用型高校担任实习指导教师。要完善“技师”评选制度，在工资标准和职称评聘方面与工程师享受同等待遇，特别是要完善民营企业专业技术职称评审制度，充分调动民营企业技术人员的积极性在当下显得尤为重要。

（评论时间：2016.6.8）

国际化是外向型人才培养的有效手段

【背景材料】宁波行知中等职业学校与国际金钥匙组织（中国区）签署战略合作协议，希望通过双方合作与努力，力争将“校园金钥匙”打造成为全国中职校园文化品牌，成为全国中职校园文化建设的一张名片。据悉，“校园金钥匙”在中职学校尚属首创。

“金钥匙”是一个国际的服务品牌，拥有先进的服务理念和标准。1995年被正式引入我国，金钥匙服务已被国家旅游局列入国家星级饭店标准。宁波行知中等职业学校与国际金钥匙组织（中国区）签署战略合作协议，在中职学校尚属首创，具有重要意义。

首先，“校园金钥匙”有利于外向型人才培养。宁波行知中等职业学校开设了建筑技术、信息技术、财经商贸、旅游服务、学前教育等五大现代服务类专业。“校园金钥匙”将充分利用国际金钥匙组织这一平台，在学校推广金钥匙服务理念，充分学习、借鉴金钥匙服务理念，并付诸实践，拓展学生的国际化视野。这不仅是校园文化品牌建设，也是人才培养实践教学的重要组成部分，通过理论与实践相结合，实现“德技双馨、知行合一”的育人目标。

其次，学校与国际金钥匙组织合作，可以充分利用双方的资源，有利于提高人才培养的质量。现代服务类技能型专业人才的培养、实践训练非常重要，国际金钥匙组织拥有众多的饭店、大量的会员，可以聘请有实践经验的会员担任学校实践教学指导教师，提高学生的实践能力。

第三，“校园金钥匙”有利于促进学生就业。宁波是沿海开放城市，外向型经济发达，宁波行知中等职业学校的学生主要面向宁波地区就业，学生在学校就接受国际化服务理念的培养和锻炼，无疑对学生就业后能够尽快适应工作环境会产生积极的作用。

（评论时间：2016.9.2）

人才是推动慈溪二次创业、二次腾飞的根本保障

【背景材料】慈溪市硕博士联谊会五届一次会员大会召开，会议选举了市硕博士联谊会第五届理事会班子。市委常委、组织部部长张启表出席会议并讲话，为“硕博之家”活动基地授牌。会后，举行了“智汇慈溪·与你创享”发展论坛，中国工程院陈建峰院士、清华大学高其才教授及会员嘉宾做主题分享。

最近，慈溪市硕博士联谊会召开了五届一次会议，会议指出，当前慈溪市正处于经济社会发展转型的关键阶段，要推动“二次创业”、实现“二次腾飞”，最关键的就是要创新，而创新最关键的是人才。建设更加优质的人才生态圈对人才的培育、成长、成才具有重要意义。

首先，慈溪市政府要从宏观上把握人才管理的方向。要推进人才管理体制改革，改进人才培养支持机制，创新人才评价机制，健全人才

流动机制，强化人才创新创业激励机制，构建具有国际竞争力的引才、用才机制，建立人才优先发展保障机制。

其次，优化人才培养途径。人才的培养离不开高校和科研院所，离不开社会经济发展的实践，离不开个人的勤奋努力。笔者认为，慈溪市人才队伍与其经济和社会发展不相适应，希望通过与高校、科研院所的合作（或与有关高校合作进行订单式人才培养），建立校企结合人才培养、培训实践基地，选送技术骨干到高校或科研院所培训等，弥补慈溪市高校和科研院所偏少的不足。

再次，优化人才服务生态圈。要加大海外人才引进力度，依托现有资源、渠道，采用以商引才、以才引才等方式，引进高端人才和团队，研究出台针对具有丰富实践经验企业家团队的优先引进策略，以及“留人”的配套政策，给人才创造良好的创业条件，形成“事业留人”；解决引进人才在子女教育、医疗服务等方面的后顾之忧，为其提供良好的生活条件，形成“感情留人”；继续发挥国家“千人计划”和宁波市海外高层次人才引进“3315 计划”的作用，形成“政策留人”；待遇方面按照企业给予的年薪等级，同时兼顾学历、职称等条件，政府给予相应等级的补贴，形成“待遇留人”。通过一系列举措，吸引更多人才聚焦慈溪。

第四，凝练人才引进的重点方向。首先是引进、培养战略性新兴产业急需人才，其次是传统优势特色产业升级换代的领军人才。

第五，培养本土专业人才，构建产业需求的人才链。在引进高端人才和技术骨干的同时，加大本土化专业人才的培养、培训，这是未来慈溪产业可持续发展的基石。建议政府高度重视，能够在政策、资金等方面予以支持，通过引进、培养、培训等多种形式，加大人才本土化培育力度，形成良好的产业需求人才链，建设更加优质的人才生态圈。

（评论时间：2016.9.6）

产教融合是技能型人才培养的必然选择

【背景材料】慈溪职高举办毕业生就业洽谈会，专业技能娴熟的人才成为企业争抢的“香饽饽”，这主要得益于学校的专业设置和人才培养方案适应了产业需求，校企合作加强了学生的技能训练，如学校与慈溪汇丽机电有限公司等企业联合培养技能型人才。

最近，慈溪职高举办了毕业生就业洽谈会，有近 800 名毕业生、60 多家企业参加，1600 多个用人岗位“虚位以待”。此次就业洽谈会，有些现象值得我们关注。

第一，具有高水平的技能型人才有利于高质量的就业。此次就业洽谈会，专业技能娴熟的人才成为企业争抢的“香饽饽”。多年来，很多高校热衷于学校升级，学院升大学，专科升本科，技校升高职，忽视高水平技能型人才的培养。人才链的底层薄弱，产业工匠不足，制约了我国制造业综合水平的提升，这一现象必须引起高度重视。

第二，产教融合是技能型人才培养的必然选择。类似慈溪汇丽机电有限公司与慈溪职高的校企合作，每年都会有不少学生到企业实习、工作，员工和学生都获益。但产教融合的广度和深度还需要深化，目前的顶岗实习需要围绕人才培养目标，从长远发展的视角扩大轮岗实习范围，增强技能型人才发展的后劲。

第三，技能型人才培养要与时俱进。首先，专业设置需满足社会发展需求。慈溪职高围绕宁波市“3511”产业体系及制造业高质量发展建设的需求，调整专业设置和人才培养方案，新开设互联网、工业智能家居、智能制造等方向的专业值得肯定。其次，课程教学大纲、实验、实习教学大纲需要适应技术和企业发展需求。再次，需要借鉴国内外教学改革成功的经验。例如，20 世纪 90 年代初，瑞士对高等教育进行了成功改革，将全国 60 多所高级职业技术学院按地区合并为 7 所应用科技大学。这些大学的学院和专业设置与当地经济社会发展紧密结合，具有显著的职业导向，为产业发展提供了大批高端技能型人才，成为瑞士国家创新体系的重要力量。

第四，未来蓝领找工作，不重工资重平台。的确，平台对个人未来的发展至关重要。比如，一个人骑自行车，两只脚使劲踩，一小时只能跑十多千米；但开上汽车，一只脚轻踏油门，一小时就能跑一百多千米。人还是那个人，平台不一样，载体不一样，结果就不一样了。这就要求企业从技术、管理、企业文化等方面构建良好的平台，给进入企业的员工创造良好的工作和生活环境，使员工具有施展才能的机会，从而具有较大的发展空间。

（评论时间：2017. 1. 22）

农村创业，大有作为

【背景材料】慈溪市长河镇高兴村文化礼堂创办了“慈 e 家创享吧”，面积虽然不大，但五脏俱全，配备有桌椅、计算机、投影仪、打印机、复印机等必要的办公设施，汇聚了一群创业青年在此分享创业经验，是一个集创客交流、信息发布、创业服务、投资对接等创业服务于一体的服务平台，为本村及周边村民提供创业服务。

据报道，“慈 e 家创享吧”在短短两个月内，就吸引了该村 60 多位创业者创业，为农村地区创业提供了良好的示范。

就业是民生之本，创业是就业之源。农村相对于城镇来说，经济相对落后，但拥有人力与自然资源方面的优势。如何挖掘这些资源，使更多的农村劳动力成为创业者，对于推动农村经济的发展、全面建设小康社会具有重要的意义。

我国幅员辽阔，农村创业，潜力很大，大有作为。对于推动农村创业，笔者认为要注意以下几点。

首先，要对农村的创业环境有准确的判断。农村的基础条件薄弱，劳动力素质偏低，经济发展不平衡，缺少创业带头人，项目选择把握不准、项目选择难度大，融资难，缺乏创业平台，政府服务意识淡薄等都是制约农村地区创新创业发展的因素。政府需要针对这些薄弱环节，依据轻重缓急做好农村地区创新创业发展规划，避免盲目投资建设。

其次，农村地区创业，要因地制宜。比如，要着重为当地农产品加工、销售、储藏、物流、市场搭建平台，创建品牌，统一标准，拓宽销路。

第三，政府要为农村地区创业做好顶层设计，整合创业扶持资源，专注服务农村草根创业，致力于精准扶贫，搭建创业共享平台，构建农村创客的孵化器。一是要为农村小微企业创新创业提供更多的资金及政策支持，拓宽融资渠道，引导群众正确投资。二是要针对农村创业服务机构少且服务质量差等不足，提供创业政策指导、创业技能培训服务。三是要针对农村劳动力素质偏低的实际情况，对创业企业职工有针对性地进行培训，提高职工的素质和技能。四是对初创阶段的创业者提供工商登记、报税、会计等一条龙服务。

最后，要加大农村地区创新创业带头人的培养，形成示范效应。随着高等学校的扩招和高等教育的大众化，现在农村地区的很多年轻人教育程度高、学习能力强、乡土情结浓，精通并善于利用先进的科学技术和管理经验，能够带动乡亲一起创业、一起致富。因此，需要政府管理部门在众多的创业者中选拔优秀带头人，加大培养力度，通过示范效应，引导更多年轻人创新创业，实现共同致富的目标。

（评论时间：2017.2.21）

大学生创业既要有激情又要有理性

【背景材料】教育部近日颁布新修订的《普通高等学校学生管理规定》，鼓励高校学生创新创业，并提供制度和改革支持。对于学生创新创业，可采取弹性学制，如果是新生开展创新创业实践，可以申请保留入学资格，入学后开展创业，可以申请休学。对休学创业的学生，可以单独规定最长学习年限，并简化休学批准程序，突出对学生创新思维、创业精神和创新创业实践能力的培养。此外，参加创新创业等活动以及发表论文、获得专利授权等与专业学习、学业要求相关的经历、成果，可以折算为学分，计入学业成绩，鼓励学校建立创新创业档案，设置创新创业学分，加强学生的创新创业教育。创新实践、休学创业的学生，经个人申请学校批准还可以转入相关专业学习，降低学生创业的机会成本，让学生在自主创业方面有更大的选择空间。

新修订的《普通高等学校学生管理规定》无疑为大学生创新创业创

造了良好的制度环境。

对于大学生创业，一直是个争论不休的问题。笔者认为大学生创业，既要有激情，又要有理性；既要有政策的支持，更要有行之有效的保障措施。

首先，要充分认识大学生创业面临的困难。创业资金不足，市场敏感度不强，无相关企业管理经验，心理承受能力较弱，创业激情有余、创业理性不足，过于张扬个性、团队合作不够，专业及创业知识缺乏，社会创业文化氛围不浓等是大学生创业普遍存在的问题，需要理性地对待这些问题，同时要有充分的思想准备。

其次，学校对大学生创业要有切实可行的保障措施。

第一，学校要提供良好的教育环境，培养良好的创业意识。创新创业教育要贯穿整个教学过程，在教学计划、理论与实践教学内容中融入创新创业精神，既要培养专业知识与技能，还要培养法律知识、金融知识、管理知识、中国传统文化知识等，循序渐进地积累创业经验，做到“润物细无声”。

第二，开展行之有效的创业实践活动。高校应定期组织开展各类专业竞赛、创业研究、创业大赛等活动，以锻炼和提高学生的观察能力、思维能力和动手操作能力。在开展的各类活动中，要选拔或聘请具有实践经验的校内外导师给予指导。对参加创新创业活动及发表论文、获得授权专利、获得软件著作权等，给予相应的学分。

第三，制定鼓励创业的政策，加大激励力度，营造良好的创业氛围。比如，采用国际上很多高校普遍实行的弹性学制，构建大学生创业基地或平台，提供资金支持和必要的优惠条件鼓励学生创业。

第四，要理性地鼓励学生创业。中国有句古话，“磨刀不误砍柴工”，在校大学生创业，尤其是新生开展创新创业实践，客观上受到知识和能力的限制，需要理性地处理学业与创业的关系，在条件尚不具备的情况下，建议首先完成学业，练好本领，为将来创业打下坚实的基础。切不可“脚踏两条船”，创业和学业均没有做好，均被耽误。

（评论时间：2017.2.21）

深淘滩，低作堰

【背景材料】慈溪日报微信公众平台最新的一项调查显示，如果不考虑外界因素，超过83％的90后受访者希望选择“创业”，只有不到16％的人选择“就业”。

对于这一现象，有人迸发出浪漫情怀，为此欢欣鼓舞，认为慈溪人血管里本就流淌着“执商界之牛耳”的血液，让年轻有闯劲的90后去创业是最好的选择。也有人理性思考，考虑现实因素，认为“创业更难”，选择先“就业”再“创业”。笔者认为对90后创业既要有激情，更要有理性，对少量个体可以选择创业，对于大多数人来说，还是选择“就业”更现实。

首先，“深淘滩，低作堰”是闻名于世的都江堰水利工程的治水名言。这六字治水真经，不仅体现了古人卓越的治水理念和思想，也对现代人的人生治理及企业经营具有重要的借鉴意义。“深淘滩”就是要不断地努力学习，不断地修身养性，厚德方能载物。“低作堰”就是要谦虚谨慎，要低调，要节制对功利的贪欲。我们鼓励创业，是要在具有良好专业水平和能力的基础上创业，现在一部分大学生在校期间，急功近利，不踏踏实实地学好每门课程，而是打着创业的旗号，从事一些门槛很低的工作，甚至做一些不切实际的工作，最终创业没有成功，还荒废了学业。

其次，大学生创业既要有激情，更要有理性。大学生创业有以下几点不得不考虑。

(1) 创业方向的选择。大学生从小学到大学，他们的活动空间几乎局限于家庭和学校，社交圈也仅限于亲朋、老师、同学，对社会了解不够，在创业项目、创业方向的选择上还是比较迷茫的，即使有的大学生选择了创业之路，但这条路不一定能走得长远。

(2) 专业知识的积累。据笔者了解，选择自主创业的大学生从事与本专业联系密切的行业较少，从事非专业对口的行业创业占大多数。由于大学课程设置和教师素质等原因，毕业生的理论知识与社会需求往往不能满足创业的需要。

(3) 经验与胆识。创业是一种全面的素质挑战，需要有一定的经验与胆识。大学生的活动范围有限，与社会接触少，在处理社会事务时，由于经验不足，眼光有限，难免欠考虑。

(4) 创业资金。创业仅凭热情是不够的，需要雄厚的物质基础作为支撑。很多大学生毕业后创业，不愿再向家里要钱，要靠白手起家，虽然国家有小额贷款扶持，但是与创业需求资金相差甚远。资金不足是当前大学生创业遇到的最头痛的问题之一。

(5) 对创业扶持政策的了解。高校、政府有关部门均有扶助大学生创业的政策，但大部分学生对政府出台的优惠政策尚不知情或不够了解，在办理相关手续时，不知从何下手。

最后，大学生创业要有社会责任感和吃苦耐劳的精神。笔者认为现在的大学生自我意识强，合作精神、社会责任感和吃苦耐劳精神需要加强。没有社会责任感和吃苦耐劳精神，恐怕很难在创业中获得成功。

（评论时间：2017.7.5）

提升大学生创新创业素质，抢占未来竞争制高点

【背景材料】2017 年 7 月 15 至 16 日，慈溪市人力资源和社会保障局主办的“创业成就未来”2017 年慈溪大学生创新创业素质提升班开课，把一些有志于创新创业潜力的年轻人聚集在一起，免费为他们提供创业咨询、知识培养、交流学习和能力建设等多层次、多方位的帮扶。全市有 80 多名创业大学生参加了培训。

此次培训对提升大学生创新创业素质，抢占未来竞争制高点无疑起到了积极的作用。

首先，青年强，则国家强。正如毛主席所说，青年人是早晨八九点钟的太阳，希望寄托在他们身上。青年人最富活力、最具创造性，理应走在创新创业的前列，慈溪市人力资源和社会保障局举办这次培训班是有战略眼光的。

第二，此次培训班起到了传道、授业、解惑的作用。培训班安排了大学生创业扶持政策的宣讲，让更多的大学生创业者知晓有关政策，为他们创业提供政策咨询服务；邀请了一些创业成功人士分享他们的创业理念、创业经历，通过互动和交流，让有志创业的青年有所启发、有所借鉴，使他们在创业路上少走弯路，早日实现他们的创业之梦。

第三，提升大学生创新创业素质，仅靠几次培训班是不够的，要建立创新创业教育长效机制。创新创业教育是培养最具有开创性个性的人，包括培养首创精神、冒险精神、创业能力、独立工作能力以及技术、社交和管理技能，需要政府、社会、家庭形成合力，形成良好的创新创业教育氛围。

(1) 要从小学开始改变传统的应试教育模式，从小培养学生的创新理念、创新思维能力，教育行政部门要下大力气推进教育改革，营造鼓励创新创业的校园文化环境。

(2) 社会要营造良好的创新创业环境，要容忍失败，要制定和完善有关法律法规保护创新创业。

(3) 要与时俱进，不断提高创新创业人员的素质和能力。具体来说，要不断提高创新创业人员诚信、敏锐的洞察力、敢于冒险及创新精神、把握商机的决断能力、务实精神、终身学习能力、勤俭节约精神、坚韧执着精神、领导艺术和管理才能等。

（评论时间：2017.7.23）

瞄准前沿动态，整合行业资源，培养产业人才

【背景材料】慈溪会展中心举办了“2018 互联网＋中国服务交易会浙东峰会”，峰会由慈溪市环创中心、市商务局、市互联网办等单位主办，猪八戒网承办。会上成立了宁波“互联网＋”电商运营商学院，该学院是慈溪市首家电商运营商学院，将瞄准电子商务前沿动态，充分整合行业资源，为传统企业培养高素质的电商运营人才。

首先，电商运营商学院的成立，对服务型企业来说是新模式的探索。猪八戒网将为企业引进一些新的资源，并提供技能上的支持，引导企业瞄准行业发展动态，追踪产业前沿，避免中小企业发展的盲目性。

其次，电商运营商学院要结合慈溪市传统行业的电商需求，整合行业资源，为行业搭建大的发展平台。一是要为有志于在电商领域发展的创业者提供创业孵化服务；二是继续以互联网为根基，将海量的知识工作者聚合起来，突破时空的界限，将政府、企业的服务需求与知识工作者的服务能力在全球范围内匹配，服务于政府与企业，激发区域发展的潜力和动力；三是要做好引领和示范工作，一方面要不定期邀请行业专家、学者、知名企业家来学院做学术交流或针对某一主题举办培训班，另一方面要定期将区域企业、高校的有关技术和管理人员组织起来，举办技术和管理沙龙，交流发展的经验，互帮互学；四是要利用平台优势，进行情报的搜集和整理工作，定期发放给企业，实现信息资源共享。

再次，结合慈溪市产业优势，培养产业人才，重点要培养复合型人才。家电产业是慈溪市的优势特色产业，随着微电子技术、互联网等新一代信息技术的发展，传统的家电产业也要向智能化、网络化方向发

展，需要通过工业设计，融入服务型制造、服务型设计、定制化人文关怀等，推动产业的升级换代。以工业设计为例，要突破传统的结构设计理念，把先进的传感器技术、微电子技术、物联网技术、新材料技术应用到产品设计中，通过技术的交叉和融合，实现由“制造”到“智造”的升华，不断与时俱进，推陈出新，确保产业健康稳定地向前发展。

（评论时间：2018.4.2）

智能制造，教育先行

【背景材料】宁波市政府做出决定，支持浙江大学宁波理工学院2018年全面一段（第一批）公费招生，这是宁波市政府与浙江大学战略合作的主要组成部分，对推进浙江大学宁波理工学院转设为省管市属公办普通本科高校迈出了坚实的一步，浙江大学宁波理工学院将迎来新的发展机遇。

首先，浙江大学宁波理工学院的转型升级顺应了中国制造高质量发展和宁波市“3511”产业体系建设的客观需求。该校的自动化、电气工程及其自动化、电子信息工程等专业是宁波市企业急需、紧缺人才的专业，教师中有一批宁波市智能制造专家服务团队成员，对宁波市企业的自动化、信息化、智能化建设很熟悉。该校的人才培养目标明确，针对性强，有利于学生高水平就业。

其次，浙江大学宁波理工学院具有良好的办学基础，学校连续5年在全国同类高校中排名第一。以自动化专业为例，该专业为浙江省“十三五”“十二五”新兴特色专业，师资力量雄厚，拥有浙江省优秀教学团队1个，宁波市创新团队3个，省、市级“机器换人”专家服务团队3个。

学生培养质量高，近年来，毕业生除在国内外攻读研究生外，很多毕业生在世界500强、国内500强及宁波市龙头骨干企业就业，受到用人单位的好评。在校期间，近一半的学生参加各级各类学科竞赛和大学生科研训练活动，获得大学生电子设计竞赛、“挑战杯”比赛、机器人比赛等国家级、省级学科竞赛奖励多项。

第三，人才培养与时俱进。以该校信息科学与工程学院为例，2018年9月将在新生中开设“电气工程及其自动化新工科实验班”，按照浙江大学人才培养计划培养拔尖人才，前两年由浙江大学的师资讲授基础课和专业基础课，然后到浙江大学本部学习专业课。为了落实因材施教，学院全面实行导师制，每位学生均有一名专业教师进行四年一贯制的学业指导、职业规划及考研辅导等，按照研究生培养模式培养本科人才。为了提高大学生的创新实践能力，学院与镇海炼化、天安集团、东方电缆股份有限公司等国内知名企业合作组成定制化实习实训班，切实提高学生的实际动手能力。此外，结合教师的科研及企业需求，学院采用分散的实习实训方式，有针对性地提高学生的实践能力。结合宁波市企业的特点，对于有家族企业的学生，安排有多年企业工作经历的教师，结合家族企业的发展需求，以企业的实际问题为案例，从专业知识、企业管理、人文素养等方面全面辅导，既解决企业的现实需求，又为企业长远发展培养后备力量。

总之，智能制造也好、社会进步也好，都离不开教育，笔者相信，浙江大学宁波理工学院的转型升级一定会对宁波的经济和社会发展产生深远的影响。

（评论时间：2018.6.8）

人才是企业发展之本

【背景材料】2019 北美浙大校友会慈溪行的海外人才在慈溪市上林英才创业园举行慈溪市创新创业政策环境推介暨人才项目路演活动。来自美国、德国、澳大利亚、新西兰、挪威等世界各地的 17 位携带着高科技项目成果、有意来慈溪创新创业的高层次人才上台进行路演，路演内容涉及人工智能、物联网、电子信息、医疗器械、新材料、新能源、生物技术等领域。慈溪市 50 家有意向投资高新技术产业的企业和相关人员参加了这次活动，现场有 9 个项目初步达成合作意向，对助推慈溪市经济高质量发展有重要意义。

众所周知，企业的竞争归根到底是人才的竞争，人才是企业发展之本。目前，全国各地均重视引进人才，甚至不惜重金挖人才、抢人才。总结实践经验，人才引进需要注意以下几点。

第一，重视人才落地，不要做形象工程。不可否认，绝大部分海外人才回国创业的动机是好的，但是，也有少数人利用政策漏洞，到处参加人才招聘，主要是为了获取政府的补助，企业是成立了，但是，不能全心全意地投入企业经营，甚至脚踏几条船，项目不能真正落地，最后拆东墙补西墙来应付项目检查验收，最终不了了之。

第二，重视给人才提供良好的工作和生活环境。人才引进要引得来、留得住，比如，要在人才集聚地区，配套建设高水平的小学、中学，解决子女入学问题。此外，引进或建设若干个高等院校、科研院所，形成良好的学术研究氛围，促进学术交流，促进产学研结合、产教融合。

第三，注意处理好引进人才与现有人才的关系。很多单位重视引进人才，给予他们很高的待遇，而忽视对原有人才的关心和爱护，顾此失彼，结果是“招来女婿，气走儿子”，最终，不仅没有实现预期目标，而且使正常的工作受到影响。

第四，加强对引进人才的考核。长期以来，我们重立项、轻考核，投入大量的人力、物力、财力引进人才，结果成效平平，因此要加强对引进人才的过程管理。对于立项后，若人、财、物不到位，要及时找出问题的原因，限期整改，甚至终止项目执行。

第五，要重视建立合理的人才梯队和人才链。常言道：“荷花虽好，也要绿叶扶持”，技术带头人固然重要，但还需要相关专业、不同层次的技术人员配合。要建立高级、中级、初级匹配合理的人才梯队，做到学历结构、知识结构、年龄结构合理，为企业可持续发展提供人才保障。

（评论时间：2019.7.21）

“中国制造”离不开“技能大师”

【背景材料】为了进一步拓宽企业技能人才成长通道，激励高技能人才更好地服务企业发展。近日，慈溪市公布了2019年度紧缺职业（工种）高技能人才岗位补贴目录，车工、铣工、焊工等28个工种在列。符合条件的人员，技师每人每月补贴500元、高级技师每人每月补贴1000元。

本次补贴的28个工种，既有焊工、磨工、制冷工、钢筋工、砌筑工等传统行业工种，也有电子商务师、养老护理员等新兴行业工种，与时俱进，时代感强。

人才是人力资源中能力和素质较高的劳动者，是我国经济社会发展的第一资源，人才强国战略已成为我国经济社会发展的一项基本战略。科学的人才观不仅只是高层次的研究和技术人才，还包括大量的技能型人才。要实现“中国制造”迈向“中国创造”，离不开大批的“技能大师”“大国工匠”。

当前，我国人才发展的总体水平与世界先进国家相比仍存在一定的差距，高层次创新型人才匮乏，人才创新创业能力不强，人才结构和布局不尽合理，人才发展体制障碍尚未消除，人才资源开发投入不足。慈溪市为紧缺职业（工种）高技能人才岗位补贴是推动人才合理布局的很好举措，符合区域经济发展的客观需求，接地气，对提升中小企业的技术进步，具有引领和示范作用。

当前和未来十几年，是我国人才事业发展的重要战略机遇期，应对日趋激烈的国际人才竞争，需要科学规划，整体推进，不断开创人才辈出、人尽其才的新局面。目前，普遍存在重金建院士工作室、引进大院大所等措施吸引人才，但是，“技能大师工作室”建设明显不足。高层次的人才是引进了，真正落地、开花结果但不尽如人意，甚至样品是做出来了，技术是先进的，但是缺少能工巧匠，产业化不足；缺少“工匠精神”，产品的稳定性和内在质量不高，导致市场的竞争力不强。重视人才结构的合理布局，重视“技能大师”“大国工匠”的培养，还有许多工作要做，需要进一步完善国家高技能人才评选表彰制度，进一步提高高技能人才的经济待遇和社会地位。

人才的问题，归根到底是教育的问题。目前，我国高等教育的特色不明显，人才培养不能适应社会需求，甚至以应用型人才培养为主的高校，教学内容滞后产业发展，教师知识老化，实践能力、知识更新严重不足。因此，需要优化人才培养模式，大力推行校企合作，完善人才培养方案，完善工学结合实践教学体系建设，加强职业教育“双师型”教师队伍建设，尤其是要改变高校教师的考评导向，广泛开展各种形式的职业技能竞赛和岗位练兵活动，不断提高技能型人才的培养质量。对于技能型人才的继续教育，需要完善以企业为主体、职业院校为基础，学校教育与企业培养紧密联系、政府推动与社会支持相结合的高技能人才培养培训体系。

（评论时间：2019.7.26）

工商联搭台，企业唱戏，推动校企深度合作

【背景材料】慈溪市工商联组织召开全市基层商会会长（专业委员会主任）会议，就“百家民企助力宁大科院”双向合作活动提出倡议。会议倡议，各商会、专业委员会广泛发动会员积极开展与宁波大学科技学院的业务合作，主动推动资源共享，全力打造合作品牌，在校企合作中实现共赢。

当今经济发展已经到了创新驱动发展阶段，创新需要人才，人才是第一资源。人才有各种层次，慈溪市发展高端人才固然重要，但大量需要的是高素质技能人才和高素质专业技术人才。宁波大学科技学院落户慈溪，将对慈溪市未来的创新驱动发展提供强有力的人才支撑。

首先，宁波大学科技学院将根据慈溪市产业特点，整合校内资源配置，优化专业布局，优化人才培养方案，优化教学大纲和教案，优化实践教学体系，切实提高教学质量，培育一批基于区域经济和社会发展所需的应用型专业人才，主动服务企业转型升级，实现校企双向合作，助推区域经济高质量发展。

其次，推动校企深度合作要循序渐进，不可一哄而起。企业的人才需求是多层次的，既有高端人才，也有普通技术人才和技能型人才。慈溪市与宁波大学科技学院合作，并不能解决所有的人才问题。企业要结合自身实际情况，既要重视与宁波大学科技学院的合作，又要放眼区域外高校，以及区域内的科研院所、高职院校等，开展符合企业实际需要的全方位、多层次合作，提高校企合作的契合度和效率。

第三，慈溪市工商联要发挥好桥梁和纽带作用，指导基层商会、专业委员会在企业服务、规范化建设、社会责任履行等方面做好工作。尤其在梳理企业技术、管理、人才需求等方面发挥作用，精准地把本地、外地高校的资源配置与慈溪产业的发展阶段和发展定位紧密结合起来，实现人才培养与产业的有机结合，互动互赢。

（评论时间：2019.11.3）

“校企联姻”助力慈溪智造

【背景材料】近日，宁波大学科技学院与新海科技集团有限公司（简称新海科技集团）、中国科学院宁波工研院慈溪生物医学工程研究所签订共建“新海学院”战略合作协议，新海科技集团捐资2000万元，用于校园建设和“新海学院”建设。2019年宁波大学科技学院落户慈溪以来，已有三家企业投资与该院合作办学，分别是公牛集团股份有限公司捐资3000万元成立“公牛学院”、宁波慈星股份有限公司捐资2000万元成立“慈星学院”，新海科技集团捐资2000万元成立“新海学院”。宁波大学科技学院正式落户慈溪虽然只有短短几个月，已经深深地感受到了慈溪市企业“产业办学”的热情，对人才和技术的渴望。

通过“校企联姻”，助力慈溪产业的转型升级，实现“慈溪制造”向“慈溪智造”的转变，必将产生深远的影响。产教的深度融合，需要注意以下几个方面的问题。

首先，产教深度融合，要明确学校的办学定位。宁波大学科技学院明确建设区域性特色鲜明的应用型大学的办学目标，构建“产业、学科、人才培养、科学研究”四位一体的运行新机制，定位准确。利用慈溪市的产业优势，采用“2＋2”的办学模式，有利于人才培养与产业的深度融合。

其次，产教深度融合，企业要有战略眼光和社会担当。当今时代，在企业间竞争与企业发展要素中，资金红利、人力红利、市场机遇红利的占比越来越小，人才与科技创新红利所占比重越来越大。以华为为例，如果华为没有强大的研发团队，没有持续的人才培养和研发投入，没有具有自主知识产权的核心竞争力，就不会在国内外激烈的市场竞争中仍具有的良好发展局面。又如，吉利汽车有全日制大学、中高职院校，也有在岗职工短期培训班，每年输送人才近10万人，不仅有力地支撑了企业自身发展的人才需求，也为行业发展做出了贡献。毋庸置疑，盈利挣钱是企业家的基本需求，但并不是企业家初心的全部。参与支持办学育人，让员工、学生素质提升，企业、学校素质提升，社会素质提升，是企业家树立企业和自身社会形象的一种方式，是企业回报社会、担当社会责任的需要。

第三，产教深度融合，不可急功近利。人才培养是一个漫长的过程，不可能立竿见影。企业与高校联合设立产业学院，要按照人才培养的客观规律，制订好符合人才质量标准的教学计划。企业参与人才培养计划的制订，仅仅是在专业培养方向模块中设置与企业需求相关的课程，切不可变成企业的培训班、岗前培训班。要按照专业人才的培养标准，培养学生具有扎实的基础知识和基本技能，具有自主学习、终身学习和可持续发展的能力。

第四，产教深度融合，校企合作的师资队伍建设非常重要。目前很突出的问题是，高校教学与企业实际需求脱节，甚至落后于企业的发展；青年教师的实际动手能力不强，很难满足应用型人才培养的需要；企业技术基础不扎实，发展后劲不足。为了解决这些问题，必须深化产教融合，企业有必要聘请高校理论基础扎实的教师作为“企业导师”，参与企业的技术研发工作；高校要聘请具有一定的基础理论知识、丰富的实际工作经验的企业技术人员作为“产业教授”，共同承担人才培养工作，提高人才培养质量。

（评论时间：2019.11.3）

培养领军人才，加速前湾新区建设

【背景材料】为了培养一批能够引领前湾新区范围内创新创业的精英，更好地服务领军人才、新生代企业家和大学生，2020 年 4 月 20 日，前湾创新创业学院正式成立。

为了落实国家长三角区域一体化发展战略，2019 年 7 月 9 日，浙江省人民政府批准设立宁波前湾新区。为了培养一批能够引领前湾新区范围内创新创业的创业精英，更好地服务领军人才、新生代企业家和大学生，2020 年 4 月 20 日，前湾创新创业学院正式成立，第一期“湖畔班”将于 5 月初开班。

据了解，前湾创新创业学院是一家集创业教育、创业实战、创业服务为一体的公益性创业学院，学院学员免费接受培训和教育。在场地方面，上林英才创业园和慈兴环杭州湾创业园提供了相应的支持。余秋雨、茅理翔等任名誉院长，学院聘请了知名企业家、高校专家、领军人才任院领导，组建了创新创业导师团队，导师主要由来自科技创新、企业经营、法律实务等领域的专家、学者组成。

学院培养模式主要由课堂教学、课后研修、活动考察、项目路演对接等模块组成，并由导师采取一对一或多对一的方式具体负责学员从创业创意、项目孵化、加速到产业化的全程指导帮助。此外，学院还成立了总额 1 亿元的“前湾天使基金”，采取股权投资、资金资助等方式支持培训学员的优质创业项目。

前湾创新创业学院的成立，打造了慈溪版的“湖畔大学”和“黄埔军校”，将为慈溪市高质量发展培养各类创新创业精英，必将对前湾新区的建设和发展产生重要的影响。

为了培养高水平的精英人才，在办学过程中，还要注意以下几点。

第一，要制定具有国际视野的人才培养方案。人才培养方案是顶层设计，国际上要对标纽约湾区、旧金山湾区和东京湾区，国内要对标粤港澳大湾区，培养学员成为具有国际化视野的创新型和复合型人才。因此，重点要从科技创新、企业经营、法律实务、社会责任等方面系统地规划培训主题，既要追踪国际前沿，又要结合前湾新区建设实际，理论与实践相结合。

第二，遴选一批过硬的、优势互补的导师团队。导师团队的专业结构要合理，来源要广泛；既要有来源于高校，也要有来源于企业、政府部门和社会组织等的专家、学者;既要有技术,也要有管理、法律、经济等领域的专家,从不同侧面、不同视角、不同经历给学员提供真知灼见,分享研究与实践成果。

第三,优化实践项目。每位学员的经历不同,创业方向不一,课后研修、赴外游学是实践学习的有效方式之一。通过集中组团赴国外考察学习的方式值得借鉴,但是,笔者认为分小组或者有针对性的短期工作或实践,更有利于个性化人才的培养。此外,还要重视国内先进企业和本地区企业的交流、互访,更要重视学员之间经验的分享,因为共同的需求、共同的经历,更容易产生共鸣,在互帮互学、思想交流和碰撞中更有利于产生灵感。

第四,创业服务要与时俱进。慈溪市政府出台了一系列人才扶持政策,为来慈溪创业的人才提供了优良环境,实现人才干事有舞台、创业有平台。学院成立的"前湾天使基金",采取股权投资、资金资助等方式支持学员的优质创业项目固然重要,但更重要的是,要能容忍失败。失败是成果之母,通过在创业中学会创业,风雨之后一定会有彩虹。

(评论时间:2020.4.22)

人才是实现产业振兴,赢得竞争主动的战略资源

【背景材料】4月20日,以"@未来　创享发展　赋能前湾"为主题,首届中国·前湾人力资源生态产业峰会暨宁波人才日慈溪专场活动举行。来自宁波市内外的人力资源行业知名专家、重点机构负责人及慈溪市重点企业负责人汇聚一堂,开展了一次全方位的合作与交流。通过头脑风暴,集思广益,为慈溪发展、前湾新区建设注入

新思想、新思路。

2019 年 7 月 9 日，浙江省人民政府批准设立宁波前湾新区。宁波前湾新区规划控制总面积 604 平方公里，空间范围包括现在宁波杭州湾产业集聚区，以及与其接壤的余姚片区和慈溪片区。

根据规划，前湾新区将积极承担长三角、杭州湾大湾区的智能制造功能，加快推进先进制造业转型升级，积极谋划推动现代服务业跨越式发展，坚持制造业与服务业双轮驱动、融合发展。

前湾新区作为宁波融入长三角一体化发展的“桥头堡”，肩负着建设世界级先进制造业基地、沪浙高水平合作引领区、杭州湾产城融合发展未来之城，打造长三角一体化发展标志性战略大平台的重大使命。

规划到 2035 年，前湾新区特色鲜明的现代产业体系基本形成，大数据、人工智能、物联网和实体经济高度融合，城市治理能力和社会管理现代化，人与自然和谐共生发展成为常态，率先实现生态优先、高质量发展、高品质生活和高水平治理，成为杭州湾大湾区建设的重要支点，长三角高质量一体化发展的标志性战略大平台。

要实现前湾新区建设的宏伟目标，首先是人才，人才是实现产业振兴、赢得竞争主动的战略资源。当前，慈溪市正迎来长三角一体化发展、前湾新区建设等重大历史机遇，抓住和用好这一机遇，最重要的战略资源就是人才。站在新的历史起点，慈溪比以往任何时候都更加渴求人才、珍视人才，比以往任何时候都更加需要各类优秀人才的加盟和融入。首届中国·前湾人力资源生态产业峰会暨宁波人才日慈溪专场活动，为精准有效推出慈溪人才扶持政策搭建了很好的平台。通过峰会，可以听取有关专家、学者对前湾新区人力资源发展战略的真知灼见，通过学术的交流，碰撞出思想的火花，共同为前湾新区的发展献计献策。

其次，要构建人才能够引得来、留得住的良性循环生态环境。第一，要构建满足人才事业发展的平台。前湾新区坚持生态优先、创新引领、产城融合、集约高效发展，着力打造世界级先进制造业基地、沪浙高水平合作引领区、杭州湾产城融合发展未来之城、长三角一体化发展标志性战略大平台。重点发展汽车及关键零部件、通用航空、智能电器及智能终端、新材料、生命健康医药、高端装备制造六大先进制造产业，以及旅游休闲业、体育产业、专业服务业、新型金融业四大现代服务业。可以说前景广阔，人才干事有舞台、创业有平台。第二，要有一批引领产业发展的龙头示范企业。目前，前湾新区的产业基础厚实，已形成汽车制造、高端装备、新材料、生命健康等产业集群，聚集了吉利汽车、大众汽车、方太厨具、慈星股份、甬矽电子等一大批龙头骨干企业，可以吸引大批高层次的人才加盟，提供施展才华的机会。第三，要创造人才可持续发展的氛围。前湾新区要尽快集聚一批高等学校、科研院所、图书信息中心，使广大科技人员能够及时了解学术前沿和行业发展动态，具有学术、科技交流合作的氛围，能够跟上时代的步伐，能够可持续发展，不至于若干年后，江郎才尽，落伍于时代。第四，要建设完善的城市生活服务配套设施，解决各类人才的后顾之忧。比如，建设高水平的幼儿园、小学、中学、医院、游乐场所等，解决子女入园、入学等后顾之忧。现有的上海世界外国语学校、镇海中学分校等一批知名学校，上海仁济医院托管的三甲医院，方特东方神画主题公园等还不够，还需要增加，以满足日益增长的前湾新区建设需要。

第三，学习美国纽约湾区、旧金山湾区、日本东京湾区、我国粤港澳大湾区建设的经验，从人才需求方面长远规划，培育具有国际视野的领军技术队伍和企业家，构建满足产业需求和未来发展的专业技术、管理和服务等人才体系，形成结构合理的由高到低的人才链。当前要重点加强与宁波大学科技学院及宁波地区其他高校的合作，培养前湾新区急需的应用型人才和技能型人才。

（评论时间：2020.4.23）